Conversa de pai e mãe

Coleção Psicologia e Educação
Conjunto de reflexões sobre a dimensão psicológica da existência e das atividades humanas ligadas à educação, organizado de modo a aliar o rigor científico às necessidades de quem se aproxima pela primeira vez da matéria.

Volumes já publicados:
- *A observação do comportamento da criança* – Tiziana Aureli
- *Crescer como pessoa: um método simples de crescimento pessoal a partir dos contos de Andersen* – Miguel Angel Conesa Ferrer
- *Conversa de pai e mãe: manual de consultas rápidas e soluções eficientes* – Stanley Shapiro, Karen Skinulis e Richard Skinulis
- *No princípio era o ursinho: os bichinhos de pelúcia e o imaginário da criança* – Tilde Giani Gallino
- *Os pais se perguntam... A narração como proposta para a mudança* – Mariateresa Zattoni e Gilberto Gillini
- *Papai, mamãe... me escutem, por favor! Como lidar com as diferentes linguagens da criança* – Jacques Salomé
- *Psicologia e mistério* – Franco Imoda

Stanley Shapiro e Karen Skinulis
com Richard Skinulis

Conversa de pai e mãe

Manual de consultas rápidas
e soluções eficientes

Dados Internacionais de Catalogação na Publicação (CIP)
(Câmara Brasileira do Livro, SP, Brasil)

Shapiro, Stanley, 1934 –
  Conversa de pai e mãe : manual de consultas rápidas e soluções eficientes / Stanley Shapiro, Karen Skinulis, Richard Skinulis ; tradução Barbara Susanne Metzner ; ilustrado por Graham Pilsworth. – 2. ed. – São Paulo : Paulinas, 2008. – (Coleção Psicologia e educação)

  Título original: Parent talk : 50 quick, effective solutions to the most common parenting challenges
  ISBN 978-85-356-0805-2

  1. Crianças – Criação 2. Papel dos pais 3. Pais e filhos I. Skinulis, Karen, 1960–. II. Skinulis, Richard, 1947–. III. Pilsworth, Graham. IV. Título. V. Série.

08-07753   CDD-649.1

Índices para catálogo sistemático:
  1. Criação de filhos : Pais e mães : Vida familiar   649.1
  2. Pais e mães : Criação de filhos : Vida familiar   649.1

Título original da obra: *PARENT TALK*: 50 quick, effective
solutions to the most common parenting challenges
© 1997 por Stanley Shapiro, Karen Skinulis e Richard Skinulis
Publicado por Stoddart Publishing Co. Limited, Canadá

Ilustrações: Graham Pilsworth
Tradução: Barbara Susanne Metzner
Capa: composição realizada por
Marta Cerqueira Leite sobre
ilustrações de Graham Pilsworth

2ª edição – 2008

Nenhuma parte desta obra poderá ser reproduzida ou transmitida por qualquer forma e/ou quaisquer meios (eletrônico ou mecânico, incluindo fotocópia e gravação) ou arquivada em qualquer sistema ou banco de dados sem permissão escrita da Editora. Direitos reservados.

Paulinas
Rua Pedro de Toledo, 164
04039-000 – São Paulo – SP (Brasil)
Tel.: (11) 2125-3549 – Fax: (11) 2125-3548
http://www.paulinas.org.br – editora@paulinas.com.br
Telemarketing e SAC: 0800-7010081
© Pia Sociedade Filhas de São Paulo – São Paulo, 2002

Prefácio

Educar filhos é a empreitada mais importante que podemos assumir, ainda que poucos de nós tenhamos sido treinados para ela. Por alguma razão, acredita-se que nascemos sabendo educar filhos — como lidar com eles quando não cooperam, como equilibrar suas necessidades com as nossas próprias e como garantir que cresçam para serem felizes e bem ajustados. Mas, como qualquer outra tarefa, criar filhos pode tornar-se mais fácil com a compreensão de algumas técnicas básicas e o emprego delas de forma cuidadosa e persistente. *Conversa de pai e mãe* oferece auxílio para o desempenho de tão importante tarefa.

Escrevemos este livro para ajudar os pais a enfrentar melhor os problemas cotidianos de sua relação com os filhos, não só com a intenção de aparar algumas arestas, mas também de recuperar o equilíbrio da dinâmica familiar. Planejamos o livro para ser um manual de consulta rápida e fácil no momento em que ocorre o problema. *Conversa de pai e mãe* é, acima de tudo, um livro prático, e incluímos o maior número possível de exemplos e sugestões — abrangendo problemas variados, desde desejo de dominar o ambiente e enurese, até baixo rendimento escolar e tendência a dar escândalos em público. Tentamos também tornar o livro divertido, porque conseguir manter o senso de humor quando a cena é nebulosa é meia batalha ganha.

As estratégias apresentadas neste livro foram experimentadas e testadas em centenas de grupos de pais e de aconselhamento familiar em situações similares. Sabemos que funcionam. As idéias e os conceitos filosóficos básicos se originam de múltiplas fontes, mas a de maior influência é a de Rudolf Dreikurs (1897-1972). Recomendamos a leitura da obra de Dreikurs e de outros especialistas em educação de filhos e — talvez ainda mais importante — a procura de cursos e palestras voltados para o assunto. Este pode ser o melhor investimento que um casal faz para sua família: a informação confiável.

Queremos agradecer às inúmeras famílias que partilharam conosco, durante anos, suas experiências, observações e técnicas.

Em particular, Stanley Shapiro deseja dedicar este livro a sua esposa, Sheila; Karen e Richard Skinulis dedicam este livro a suas filhas, Julia e Rebecca.

Mensagem para pais exaustos

Vamos direto ao assunto. Você está lendo este livro porque tem problemas com seus filhos e deseja saber como resolvê-los.

Em *Conversa de pai e mãe*, levantamos alguns dos problemas mais comuns enfrentados pelos pais, de modo que você conseguisse encontrar um capítulo com conselhos práticos, claros e concisos para seu dilema atual. Mas é bom esclarecer que quase todos os comportamentos infantis problemáticos — não apenas os que se encontram descritos neste livro — podem ser resolvidos se você prestar atenção aos seguintes preceitos básicos e agir em conformidade com eles:

1. Procure compreender a razão para o mau comportamento da criança. Que meta ou recompensa ela está almejando?

2. Deixe a criança vivenciar as conseqüências de suas opções.

3. Trate a criança com respeito, não importa quanto desrespeitoso seja o comportamento dela.

4. Encoraje seu filho. Faça o possível para elevar a auto-estima dele.

Vamos desenvolver essas idéias a seguir, mas, para obter o máximo proveito do livro, recomendamos que o leia por inteiro antes de fazer consultas para soluções específicas. Recomendamos também que integre esses princípios a sua filosofia de educação.

As metas: por que algumas crianças não cooperam

Todos os pais que vêem, pela décima vez, um de seus filhos socar com o cabo de uma vassoura a cabeça da irmã, mesmo sabendo que será castigado por isso, já fizeram a mesma pergunta: "Por que ele está fazendo isso?".

Na verdade, a resposta é muito simples: ele está fazendo isso para alcançar uma destas quatro metas: *atenção adicional, poder, vingança* ou *inadequação intencional*. Quando os filhos alcançam sua meta — negando-se a comer, atirando comida em seus vizinhos ou transformando a hora de dormir em um inferno —, então o farão freqüentemente, não importa o que você faça para corrigir. Em outras palavras, as crianças não cooperam, não *apesar* do que você está fazendo, mas justamente porque você *está fazendo*.

Atenção adicional

A criança que sempre busca atenção adicional só se sente importante quando é o centro das atenções, ainda que isso signifique provocar uma reação furiosa e ameaçadora pelo resto de sua vida. Pode ser resultado de falta de atenção dos pais ou, mais freqüentemente, de exposição da criança a muitos cuidados quando era bem pequena. Depois de um tempo, a criança já não consegue viver sem atenção adicional, e falta de colaboração ou inadequação de comportamento é um dos caminhos mais seguros para consegui-la. Se seu filho está aborrecendo você, se você está tendo pensamentos como "Gostaria que parasse de perturbar", e se o mau comportamento é interrompido quando você grita com ele, o que seu filho quer provavelmente é atenção. A solução é dar atenção a esse filho quando seu comportamento estiver adequado socialmente e ignorá-lo quando não estiver. Assim, talvez seja possível curar por completo a necessidade excessiva de atenção.

Poder

Essa criança está buscando vitórias; *o que* ela ganha não é tão importante. Sente-se especial quando pode ignorar uma ordem ou levar você a executar um de seus comandos. Se você sente ansiedade e frustração na convivência com seu filho, se ele mantém o comportamento autoritário mesmo depois de ser repreendido, e se você anda por aí pensando "Vou provar a *ele* quem manda aqui"... seu filho está no poder. Você precisa transformar o desejo dele de liderar e ficar no controle em vontade de ajudar a família e o seu grupo social. Não lute contra esse filho. Peça a sua opinião. Por exemplo, faça com que seja vontade dele executar algumas tarefas de casa.

Vingança

A criança vingativa sente que os pais não gostam dela e quer feri-los. Esse comportamento pode ser conseqüência de uma luta por poder em que o castigo foi usado pelos pais para ganhar a batalha. Se você se sente ferido(a), se tem sentimentos negativos em relação à criança e pergunta-se "Como ela pôde fazer isso comigo?", então o caso é de um comportamento vingativo. A cura está em lhe dar montanhas de carinho e afeto em lugar de castigo e sermões. Faça um esforço para reparar a relação afetada.

Inadequação intencional

Essa criança imagina que não é muito boa para agir, portanto, não vê sentido em tentar. Está desencorajada, mas, paradoxalmente, pode também ser muito ambiciosa (perigosa combinação...). Para evitar experimentar qualquer coisa nova, ela precisa convencer as pessoas de que é incompetente. A meta pode ser resumida em sua frase favorita: "Deixe-me só!". Se você desistiu de ensinar o que quer que seja ou de esperar qualquer progresso desse filho, pode apostar que a meta dele será manter-se inadequado. A solução é transmitir-lhe muita confiança para favorecer a sua auto-estima.

De modo geral, a melhor estratégia contra todos os comportamentos não-cooperativos ou inapropriados é parar de revidá-los. Você tem de aprender a controlar sua raiva e a elogiar, mesmo quando não lhe pareça necessário. Assegure-se de estar mantendo um tom de voz amistoso ao falar sobre o assunto com seu filho. Para a maioria de nós, isso é fácil de ser dito, mas difícil de ser realizado após um típico dia de trabalho. A verdade é que na maioria das vezes seu filho está agindo de maneira inconsciente, e saber disso pode ajudar você a se manter tranqüilo(a). Além disso, a maioria dos pais fala demais quando existe um problema, como se pudessem usar a lógica para provar que estão certos. Fale menos e atue mais.

Sua estratégia: a compreensão das conseqüências

O fato de existir uma conseqüência para praticamente todos os atos humanos é a melhor dádiva que se concedeu aos pais. Quando se trata de filhos, podem ser estabelecidas duas espécies de conseqüências: as naturais e as lógicas.

Conseqüências naturais

Conforme o nome sugere, são os resultados naturais de seu filho fazer ou deixar fazer algo — sem nenhuma interferência de terceiros.

Por exemplo:

- Se você deixar sua bola de futebol lá fora, na chuva, ela irá se estragar.
- Se você não jantar, ficará com fome.

- Se você não colocar o casaco para ir à escola, sentirá muito frio.

Conseqüências lógicas

Quando as conseqüências naturais são demasiado sérias ou de difícil explicação, é preciso recorrer a uma relação lógica com o comportamento que se deseja corrigir. Os pais elaboram essas conseqüências lógicas para ensinar a seus filhos que as atitudes deles têm uma repercussão e que eles são responsáveis por seus próprios atos.

Por exemplo:

- Se você não parar de brincar no meio da rua, terá de ficar dentro de casa.
- Se você não estiver vestido para visitar a vovó, não poderá vir conosco.
- Se você continuar com esses caprichos aqui no *shopping*, na frente de todo mundo, terá de ir para casa e não poderá voltar até que possa agir de maneira adequada.

Para que a aplicação de conseqüências naturais e lógicas seja eficaz, você tem de observar as seguintes regras:

1. A conseqüência tem de estar relacionada ao comportamento.
2. Sempre que possível, devem ser oferecidas escolhas.

3. A criança precisa saber que haverá uma segunda oportunidade para melhorar.
4. Sua atitude precisa ser instrutiva, e seu tom de voz, amistoso. Isso será mais fácil se você não envolver o próprio ego ou suas emoções no problema. Se perceber que está ficando irritado(a), escolha um momento mais oportuno para tentar combinar conseqüências lógicas.

Respeito, não castigo

De modo sutil, porém significativo, o castigo difere das conseqüências. Enquanto estas têm relação direta com a ação das crianças, o castigo é arbitrário: "Você não pode assistir à tevê, porque não jantou"; "Ah, entendo", pensa a criança, "você só está querendo me fazer sofrer". Assim, o castigo, enquanto satisfaz aos pais momentaneamente (em especial quando estão furiosos), não está *ensinando* nada para as crianças. Elas sabem que não devem fazer determinada coisa, mas não sabem *por que* não devem fazê-la.

O pior a respeito de castigo, no entanto, é que ele é, ao mesmo tempo, desencorajador e desrespeitoso. O castigo lembra aos filhos que eles armaram a confusão e arrasaram você, e isso os desencoraja. O desrespeito vem da imposição da vontade dos pais, muitas vezes de maneira humilhante. Mesmo aquilo que as pessoas vulgarmente chamam de "um tapinha no bumbum" é desrespeitoso. Acreditamos que você deva tratar seus filhos com o mesmo respeito com que gostaria de ser tratado. Por essas razões, não acreditamos em castigos corporais.

Outro perigo do castigo é induzir seu filho a deixar de gostar de você. Pode transformar-se em uma batalha entre duas pessoas — a *minha* vontade contra a *sua* —, enquanto o efetivo emprego de conseqüências coloca a ênfase na criança e na situação do momento.

Encorajamento, para aumentar a auto-estima

Guardamos a tarefa mais importante dos pais para o final. O encorajamento faz as crianças se sentirem bem consigo mesmas (ainda que tenham cometido um erro), enquanto o desencorajamento as faz imaginar que, não importa o que façam, nunca serão suficientemente boas.

Uma forma de lidar com o mau comportamento e com os erros é separar *o que* foi feito da *pessoa* que o praticou. Por exemplo, se seu filho entorna um copo com leite, não lhe diga o quanto é descuidado. Em vez disso, tente reagir de uma forma mais positiva: "Vi que você teve problemas com o leite. Vamos limpar isso e tentar novamente". Uma reação sua desse tipo transformará um acidente potencialmente desencorajador em experiência de aprendizado.

Podemos transmitir coragem em tudo o que fazemos. Realmente, a diferença entre observações ou atitudes encorajadoras e desencorajadoras é bastante sutil. Poderia ser, por exemplo, a diferença entre dizer: "Não está ruim, mas, se você fizer tais e tais alterações, ficará perfeito" (desencorajador) e "Está ótimo, parece que você realmente atingiu o seu objetivo ao fazer isto" (encorajador).

Uma observação sobre democracia familiar

A era do autoritarismo está morta. Atualmente, vivemos na era da democracia, a qual Winston Churchill chamou de "a pior forma de governo — exceto todas as demais". Para alguns, está difícil aceitar o fato de que em nossa sociedade muitas pessoas estejam em busca de igualdade social. Fica especialmente difícil quando se refere a nossos filhos. "Filhos não são iguais a pais", "Sou maior e mais forte e tenho mais dinheiro do que eles", você resmunga indignado(a). Tudo isso é verdade. Mas, igualdade não significa que todos devam ser *iguais*. Somos todos diferentes em grau de instrução e força física, em tipo de experiência e habilidade. Quando aceitamos a noção de igualdade, respeitamos todas as pessoas e as tratamos com a dignidade a que têm direito como membros da espécie humana.

A chave para o sistema democrático, em qualquer contexto, incluindo o da criação dos filhos, é a participação no processo de decisão. Essa é a parte mais difícil, pergunte a um ditador. É difícil abdicar do poder absoluto, mas como seus filhos poderão aprender a resolver problemas ou aprender com os erros se você decide tudo sem a participação deles?

Tomar resoluções em conjunto e caminhar com elas aproxima os membros da família. Alivia também as constantes discussões, que podem transformar a vida familiar em um circo — sem motivo para risos. Mas esse processo de tomada de decisão precisa de uma estrutura. E essa estrutura é a reunião de família.

A reunião de família

Qualquer um que tenha feito festinhas de aniversário dos filhos em casa sabe como as crianças podem chegar perto da anarquia total. Crianças precisam de uma estrutura. É bom para elas. Ensina ordem e faz com que conheçam seus limites. A reunião de família providencia a estrutura da qual os filhos necessitam, bem como um fórum para suas idéias e interesses. É também uma maneira justa e mais civilizada de resolver disputas familiares, infinitamente melhor que as estrondosas brigas entre pais e filhos ou as rivalidades entre irmãos, que estragam a vida de muitas famílias.

Esses encontros devem ser regulares — digamos a cada sábado, após o almoço, ou em qualquer outro horário que seja conveniente a todos. Aqui vão algumas sugestões:

- Anote em uma agenda todas as questões a serem discutidas, para não se esquecer de nada.
- Não fale muito tempo de um mesmo filho, para que os outros não sintam que você está contra ele.

- Comece com "o que está andando bem", para que a reunião não se limite a uma sessão de reclamações.
- Converse sobre as questões até que todos concordem com novas regras, cardápios ou planos, mesmo que a concordância esteja simplesmente em tentar.
- Assegure a todos que as regras podem ser alteradas no próximo encontro.

Levar as crianças a concordar diminui muito a pressão sobre os pais, mas não é fácil. Não domine as reuniões com as sugestões "corretas" (ou seja, as "suas"), ou as crianças jamais participarão desse processo. Em vez disso, faça observações sobre problemas referentes à casa e formule perguntas abertas acerca de como solucioná-los. Procure um consenso, não a maioria. Uma vez que se integrem ao processo, a seriedade com que as crianças irão encarar esses encontros surpreenderá você.

Uma mensagem de alento

O mais importante a lembrar é que os pais deveriam sempre trabalhar para *melhorar* as coisas, e não para torná-las *perfeitas*. Para conseguir isso, é necessário um plano. Aplicadas com coerência, as estratégias apresentadas neste livro permitirão aos pais lidar com os problemas no momento em que se instauram, estimulando os filhos a tornar-se parte ativa da solução. Pode ser que isso não transforme seus filhos em anjinhos, mas colocará sua família a caminho de um futuro muito melhor.

Comportamentos inconvenientes

1
O eterno atrasado

A criança em câmara lenta

O comportamento

É sempre espantoso ver uma criança que normalmente anda pela casa a toda velocidade de repente transformar-se em um filhote do bicho preguiça quando você está em cima da hora. Pai e mãe correm de lá para cá como lunáticos, cuidando de vestir todo mundo, com um olho grudado no relógio que avança mais e mais em direção à badalada fatal. E a criança, enquanto isso, pára fascinada com o desenho do tapete ou com algo que acabou de cavoucar do nariz. E isso não acontece apenas na hora de se arrumar para ir à escola — ela pode também transformar uma caminhada de vinte minutos em duas horas de exploração de cada inseto e poça de lama que encontrar pelo caminho.

Por que acontece

Às vezes, é intencional — um modo de afirmar independência —, mas pode ser pura inocência. Na verdade, a maioria das demoras não significa exatamente um mau comportamento, mas, antes, um reflexo do fato de as crianças — em geral as muito pequenas — terem um sentido temporal diferente do dos adultos. Os pequenos vivem no presente, com pouco entendimento de futuro. A morosidade deles só se torna comportamento inconveniente quando é uma forma de chamar a atenção ou de contrariar a vontade dos pais.

Sua reação

O habitual resultado de toda essa lentidão é você ser obrigado(a) a assumir o papel de guarda de presídio ou passar a viver de acordo com o ritmo das crianças que funcionam em câmara lenta. Como você vai poder apressar filhos sem o recurso do incessante papaguear de "Ande logo! Vamos embora! Estamos atrasados!"?

Sua estratégia

Planeje com antecedência para não pressionar quem está atrasado.

O que tentar primeiro

Encare os fatos: você é a única pessoa que se importa em sair por aquela porta na hora certa. Para conseguir isso, seja realista e prepare-se para estar pronto(a) vinte minutos antes do horário, em vez de cinco.

Medidas práticas

Encaminhe tudo com antecedência. Não fique em cima do filho atrasado, apressando-o: "Ande logo, depressa!". Fale apenas uma vez e depois vá para a porta. Diga a ele que você irá aguardá-lo lá fora. Alguém esperando do lado de fora da casa exerce uma atração surpreendente sobre pessoas atrasadas que estão dentro da casa. Todas essas atitudes são positivas e farão seu filho saber que está prestes a ficar para trás, além de deixar por conta dele a tarefa de alterar a situação. Se for uma criança muito pequena, dê a ela a seguinte escolha: "Você vai sair andando ou quer que a carregue?".

Quando os filhos se atrasam de propósito, marcando passo sem motivo, geralmente é porque estão se rebelando contra o fato de serem controlados pelas contínuas recriminações de seus pais. Dizer-lhes para se apressarem, portanto, só os fará andar mais devagar ainda. Por isso:

✓ Deixe que vivenciem as conseqüências do próprio atraso: eles perdem aulas de natação, são afastados do time de futebol, não têm tempo de ouvir uma história na hora de dormir, ou ficam de castigo na escola.

✓ Avise-os de que sairá dentro de dez minutos e se atenha a isso, para que saibam que você está decidido(a) a cumprir suas resoluções.

✓ Dê a seus filhos um bom senso de responsabilidade social, boa parte do qual é pontualidade. Mostre-lhes como a pontualidade é importante na construção de relações sociais — com professores, amigos, parentes e todas as pessoas com as quais convivem.

✓ Estabelecer rotinas consistentes pode realmente ajudar a diminuir a morosidade, sobretudo na hora de ir dormir e pela manhã — os principais períodos de lentidão (veja o Capítulo 33, para mais dicas).

PONTO-CHAVE. Os pais têm de se esforçar para obter um equilíbrio entre tempo e responsabilidade, brincadeira e exploração. Não podem confundir morosidade com a tendência inata do ser humano à exploração. Para as crianças, principalmente as que estão abaixo dos três anos, a viagem sempre é mais importante do que o destino. Mesmo pais aflitos, ansiosos por ir embora enquanto o filho examina detidamente um sapo, poderão perceber que este é, na realidade, um estado de espírito maravilhoso, que a maioria dos adultos já perdeu. No mundo infantil, cada pequenina descoberta é um milagre, e o desejo de pesquisa deve ser estimulado.

Para assimilar esse espírito, permita que uma caminhada de cinco minutos se estenda por vinte. Leve uma lupa com você e embarque na viagem de seu filho. Deixe que ele lhe ensine algo, para variar.

2
O déspota

Átila, o Flagelo dos pais

O comportamento

Algumas pessoas (você provavelmente trabalha com uma delas) adoram comandar todos a sua volta. Estão geralmente no centro das atividades, mas não são convidadas para festas com freqüência. É difícil observar seu filho ordenando aos amigos o que devem fazer, discutindo com eles por qualquer motivo, querendo dominar tudo em volta. Ninguém gosta de brincar com uma criança que não sabe como dar e receber. Crianças autoritárias tendem a dominar crianças mais novas, que são mais facilmente controláveis.

Por que acontece

A criança autoritária sente-se, na realidade, fraca e dominada. Isso é compreensível: crianças estão cercadas por adultos, que são maiores e mais competentes do que elas. Dizer a todas as outras crianças o que fazer — enquanto esquecem, por conveniência, como as outras devem se sentir — é sua maneira de ultrapassar os próprios sentimentos de inadequação.

Sua reação

Essa forma de comportamento não é simpática, e é doloroso constatá-la em seu filho. Mas torna-se de fato inconveniente quando a criança começa a comandar *você*. Como podemos ensinar nossos filhos a ser enérgicos e fortes sem ultrapassar o limite em direção ao despotismo?

Sua estratégia

Crianças autoritárias sentem-se importantes controlando os outros. Deixe que ganhem importância tornando-se, elas mesmas, importantes para os outros.

O que tentar primeiro

Ignore seu filho quando ele tentar comandar você. Faça-o sentir-se importante quando ele ajudar de maneira positiva, dando-lhe bastante atenção e confiança.

Medidas práticas

✓ Reconheça o brilho que existe nessa nuvem. Pondere os muitos aspectos positivos de crianças dominadoras (alguns estão relacionados mais adiante, ainda neste capítulo). Por exemplo, uma vez que são tão ativas, geralmente conversam com facilidade, têm idéias e energia. Tire proveito disso pedindo a opinião delas quando você tiver um problema.

✓ As reuniões de família são excelentes ocasiões para seu filho mandão atuar — "Nós *queremos* suas idéias e gostaríamos que elas tivessem poder, mas poder legítimo, prestativo". Peça conselhos a ele quanto às crianças mais novas: "Joãozinho assiste demais à tevê. O que podemos fazer para que brinque mais lá fora?". Deixe que seu filho saiba que está sendo útil, fazendo comentários às sugestões dele como: "Esta é uma idéia fantástica", "Isto certamente vai funcionar" ou "Você é muito criativo".

✓ Dê estímulo para que esse filho seja prestativo em casa, atribuindo-lhe tarefas importantes, semelhantes às dos adultos, tais como:

- pôr a mesa (principalmente quando houver visita, o que torna essa tarefa especial);
- ajudar a servir em uma festa;
- tomar conta de crianças menores;
- lavar o carro.

✓ Organize jogos cooperativos, que estimulem a inter-relação mais que a competição.

✓ Faça com a criança dominadora um exercício de teatralização, que possibilite a ela aprender sobre sentimentos alheios e explorar diferentes modos de expressão. Você atua como se fosse ela, e ela, como se fosse um amigo. Utilize o mesmo tom mandão que ela emprega, para que possa ouvir como soa. Pergunte como se sentiu. A maioria das crianças é honesta e aprende rapidamente com essa técnica.

O que fazer

✓ Peça à criança autoritária para imaginar o que sentem seus amigos quando alguém lhes diz como fazer todas as pequenas coisas.

✓ Ensine a ela maneiras apropriadas de manifestar seus desejos, levando em conta os sentimentos e desejos dos outros. Por exemplo: "Eu quero jogar futebol. Você também quer?".

✓ Dê reforço positivo à atitude de não entrar em disputa pelo poder.

O que não fazer

✗ Não tente interromper o comportamento autoritário de seu filho com rótulos: "Meu Deus! Você é sempre tão mandão?!".

✗ Jamais concorde com os comandos dele quando tentar dominar você. Ele tem de aprender desde cedo que essa abordagem não funciona.

A face positiva

Alguns atributos da criança autoritária:
- tem forte tendência à liderança;
- sabe o que quer e como alcançar suas metas;

- não se preocupa indevidamente com o que os outros pensam;
- tem habilidade natural para solucionar problemas.

Você está se olhando no espelho?

Se seu filho é autoritário, pode ser que esteja aprendendo isso com um mestre: *você*. Pergunte a si mesmo(a) se você comanda seus filhos. Usa com freqüência expressões que denotam autoridade inquestionável, como "Porque sim!"? Pense sobre quantas ordens você dá a seu filho diariamente — e isso depois de ele ter sido comandado durante horas na escola. Não é de admirar que ele queira experimentar comandar também. Tente ensinar-lhe como *não ser* autoritário pelo mesmo meio com que, inadvertidamente, você o ensinou a sê-lo: pelo exemplo. Uma boa abordagem é pedir a seu filho que execute tarefas para você da mesma maneira como o solicitaria a um bom amigo. Afinal, você não pode comandar seus amigos.

Além disso, uma família estruturada em princípios hierárquicos rígidos — com papai como chefe e todos os outros em ordem decrescente, desde a mamãe até o peixinho dourado — reforça a idéia de que ser o chefe é uma meta desejável. Uma família mais igualitária, democrática, por outro lado, irá incentivar a cooperação.

3
O pavio curto

Júnior, o Terrível

O comportamento

Um acesso de raiva é uma cena terrível. Gritos, berros, arremessos e violentas contorções corporais — que parecem ter saído diretamente de *O exorcista* — transformam esse distúrbio de comportamento em algo impossível de ser ignorado. O barulho e a fúria perseguem os pais por toda a casa. Os acessos são como um pequeno tornado: emergem do nada, duram algumas horas e desaparecem num instante. Os pais, em farrapos, fazem a clássica pergunta: "O que significa *tudo isso*?".

Por que acontece

O mau gênio pode se manifestar no primeiro ano de vida, mas parece alcançar o auge quando a criança tem cerca de três anos. Esta é a "idade de ouro" para o temperamento explosivo, porque a criança está começando a dominar o processo da fala. Está aprendendo a obter mais facilmente o que deseja e tem percebido que se atirar ao chão e gritar produz bons resultados (para ela). Acostumados a ser os chefes da casa, os pais repentinamente descobrem que o poder está passando para as mãos do filho birrento. Se acontece em público — nada melhor do que uma audiência de pessoas desconhecidas para fazer emergir o "pequeno ator" —, a criança fica com todas as cartas na mão.

Sua reação

Essas explosões podem deixar você ansioso(a), exausto(a), sem forças e até mesmo amedrontado(a). Afinal de contas, seu pequeno parece ter perdido por completo o controle. Mas será que perdeu mesmo?

Sua estratégia

Tente ficar calmo(a). Ter seu próprio ataque de raiva de nada valerá. Nunca ceda ou tome uma atitude que dê à criança temperamental a sensação de vitória. Quando o acesso terminar, peça que arrume toda a desordem e continue com a vida normal.

O que tentar primeiro

Uma vez que as explosões servem de instrumento para a criança conseguir o que deseja, o pior que você pode fazer é permitir que o consiga. Se o escândalo foi por um brinquedo novo que ela deseja e que, por alguma razão, você não quer comprar, jamais ceda à sua birra. Se você ceder uma vez, a criança recorrerá a outras explosões, na esperança de se sair novamente vitoriosa. Dizer algo como "Vou pensar a respeito" ou "Pode ser" é o mesmo que ceder. Uma abordagem mais saudável é pedir que a criança se retire para seu quarto. Se ela não quiser ir, *você* sai. Sem audiência, não existe vantagem no escândalo e, espera-se, também não surgirão mais ataques. Seu filho precisa aprender que existem limites com os quais tem de conviver e que, se age de maneira inadequada, não poderá viver bem com os outros até que melhore seu comportamento.

Medidas práticas

✓ Se seu filho está atirando ou quebrando objetos, segure-o até que pare ou deixe-o em seu quarto. Tire de perto tudo o que você não quer ver quebrado, mas ele deve aprender que, se quebra algo em seu próprio quarto, o prejudicado será ele mesmo. Nada diga a respeito e não se apresse em repor o objeto danificado. Dê a seu filho a oportunidade de vivenciar a perda.

✓ Digamos que o ataque de raiva tenha começado porque você pediu que ele guardasse o casaco. Depois de passado o bombardeio, peça-lhe novamente, com gentileza, que guarde o casaco. Não faça nada que ele desejar até que o casaco esteja em seu devido lugar. Enfim, repita a ordem inicial após a explosão, mas somente quando seu filho *não estiver mais bravo*. Isso exige paciência, mas a chave para a criação de filhos é a firmeza.

✓ Se seu filho tiver uma explosão na biblioteca pública ou no *shopping*, pode esquecer de ser racional. Pegue-o (não o arraste) e retire-o do local. Ponha-o no carro (se você estiver a pé, leve-o para uma praça próxima). Pode ser que você tenha de esperar no carro até que ele se acalme. Depois vá direto para casa. Acredite ou não, crianças gostam de sair com os pais, e interromper o passeio não é absolutamente sua intenção quando começam com o acesso de raiva.

O que fazer

✓ Programe-se. *DICA*. Não saia com uma criança temperamental quando ela estiver cansada (veja o Capítulo 45, a respeito de escândalos públicos).

✓ Promova reuniões familiares e leve todos a concordarem com algumas regras básicas, tais como: "Quem não jantar, não ganhará bombom" ou "Quando formos à loja, vocês podem gastar sua mesada, mas não peçam para comprar algo mais". Quando conhecem as regras do jogo, as crianças são mais dóceis para adaptar-se a ele.

✓ Ensine que a melhor solução para um problema se consegue por diálogo e cooperação, e não pelo emprego da força. Repita isso muitas vezes, para que desenvolvam soluções criativas para seus problemas — habilidade que lhes será valiosa na idade adulta.

✓ Ensine seu filho a também aceitar *não* como resposta. A criança mimada sente que tem direito a tudo o que deseja e que pode mobilizar todos os recursos para conseguir alcançar seus objetivos.

Pior cenário

Eis como começa um acesso de raiva. Você está preparando uma moqueca de peixe para o jantar, mas seu filho diz que detesta peixe e quer espaguete no lugar. Você diz *não*. E — bum! — a cena está armada! Você teve um dia difícil e sabe que, se ceder à vontade dele, um jantar tranqüilo será reconfortante. Você faz o macarrão e tudo fica bem... até a *próxima vez*. Ceder é uma via eficaz a curto prazo e incrivelmente estúpida a longo prazo.

Melhor cenário

Se a moqueca de peixe não agrada ao pequeno birrento, em vez de ceder, leve o desmancha-prazeres para longe da cozinha. Insista que vá para seu quarto ou para qualquer outro lugar onde suas exibições não estraguem o jantar de todos. Lógico, o jantar será perturbado de algum modo, pois uma explosão irritante irá preencher a casa. Mas, por fim, o "pequeno terrível" irá parar e — finalmente — também sua explosão. Verdade, acredite.

Evolução

Depois que a poeira assentar, pergunte a ele: "Da próxima vez que você não quiser moqueca, qual é a melhor maneira de me informar?".

4
O boca suja

"Por favor, passe a @ # % * ! do leite"

O comportamento

Está um lindo dia de verão. Você se delicia sob o sol enquanto seus queridos pimpolhos correm pelo jardim de sua casa. Você diria estar no paraíso, não fosse o arrepio que lhe percorre a espinha ao ouvir, da boca de um dos pequenos, uma palavrinha de cinco letras que envergonharia os mais ousados humoristas.

Por que acontece

As crianças *imitam* tudo o que vêem e ouvem. Esta é a maneira pela qual aprendem.

Sua reação

Como um raio, um pensamento atravessa seu cérebro: "Se ela disse isso *aqui*, poderá dizer o mesmo na casa da *vovó!*". Palavras são poderosas, conforme você já sabe. A questão é: o que fazer com uma criança de quatro anos que tem o rostinho de um anjo e a boca de um estivador?

Sua estratégia

Não faça muito alarde em torno do fato ou você estará colocando na mão de seu filho uma granada que poderá ser acionada a qualquer momento. Calmamente, explique a ele que não devemos dizer essa espécie de palavra porque fere os sentimentos das pessoas.

O que tentar primeiro (com crianças pequenas)

Crianças pequenas falam palavrões porque estão se familiarizando com a linguagem. Encontraram essas "palavras mágicas", que fazem os adultos sair voando pelo telhado. A primeira coisa a fazer é evitar dar às palavras mais força do que já têm.

Diga a seu filho uma única vez que não está certo falar palavrões e depois abandone a questão. Ignore o fato totalmente na próxima vez em que o ouvir proferir um palavrão. Poderá acontecer mais algumas poucas vezes, mas, se não provocam reação alguma, a maioria das crianças esquece o assunto.

Se seu filho insistir, está tentando chamar sua atenção. Peça que se retire do local ou saia você. (Importante: certifique-se de estar fazendo isso de modo muito sereno.) Ele só poderá voltar quando estiver convenci-

do de que aquela linguagem não deve ser usada. Se o comportamento ocorrer na casa dos outros, leve-o para casa — isso deve cortar o mal pela raiz.

DICA. Você deve atentar severamente para a sua própria linguagem. Crianças aprendem esse tipo de coisa na rua, mas também podem estar apenas repetindo o que você disse na última vez em que bateu o martelo no dedão.

O que tentar primeiro (com crianças mais velhas)

Vamos encarar a realidade: dizer palavrões é legal, pelo menos para uma criança maior que deseja desesperadamente sobressair em seu grupo e parecer um "adulto". É difícil controlar o que seu filho faz quando está longe de você. Desde que não esteja tendo esse comportamento perto de adultos ou de crianças muito novas, não resta muito a fazer.

Se uma criança mais velha fala "palavras feias" — sobretudo na presença dos pais —, provavelmente é por represália. Essa criança quer ferir os adultos. Você tem de falar com ela, mas não a respeito dos palavrões. Descubra por que está tão revoltada. Mantenha-se calmo(a) e gentil, e utilize técnicas de escuta ponderada (veja o Capítulo 5, para dicas de escuta). Se você consegue que ela lhe diga, por exemplo, "É porque você grita demais comigo", considere-se feliz, pois agora já está ciente do problema. Diga algo como: "Estou feliz por você ter contado. Vamos tentar resolver isso". Você irá se surpreender ao saber quão poderoso pode ser um pedido de desculpa dos pais. Em seguida, faça uma boa avaliação de como está tratando seu filho. Você pode estar precisando da ajuda de um especialista para trabalhar essa questão.

5
O trapaceiro

A criança com duas caras

O comportamento

Colar em provas, roubar nos jogos, enganar os amigos... Esse é o tipo de comportamento que definitivamente faz os pais se retraírem. É ofensivo à dignidade. E, se não for cortado pela raiz, o sentimento de poder que emerge daí pode ser progressivo.

Por que acontece

Algumas crianças precisam se destacar de qualquer maneira, não importa qual. Gostam de bancar as espertas em relação a autoridades ou a rivais e sentem-se bem quando atingem esse objetivo. Comportamento trapaceiro também pode ser causado por baixa autoestima: a criança que acredita não poder ser aprovada em exames ou ganhar um jogo apenas com seus próprios dotes procura "meios alternativos". Outras crianças que gostam de trapacear são as supermimadas, que sempre procuram o caminho mais fácil. Ou aquelas que enxergam os outros como otários: "Vou fazer menos e receber mais, e você nem vai perceber".

Sua reação

O desapontamento fica no topo de sua lista. Existe uma certa astúcia na trapaça, a qual os pais não gostam de ver em seus filhos. Eles sabem que a trapaça pode gerar problemas não apenas agora, mas também no futuro, quando pode ter conseqüências sociais desastrosas.

Sua estratégia

Trapacear é um comportamento muito reservado. Trabalhe no sentido de tornar seu filho mais aberto e menos ávido.

O que tentar primeiro

Se você surpreender seu filho enquanto ele trapaceia ou ficar sabendo disso por intermédio de outras pessoas, não o ameace com castigos nem comece um sermão. Tente mostrar interesse: "Soube que esteve trapaceando. O que aconteceu?". Se você quer que seu filho lhe revele algo, atue antes com curiosidade que com raiva. Formule perguntas abertas, tais como: "Que espécie de resultados você espera trapaceando?". Mostre você mesmo(a) várias conseqüências: "Se você cola na prova de matemática, pode tirar uma boa nota, mas não aprende nada; isso significa que, em relação ao futuro, você saiu perdendo".

Medidas práticas

A necessidade de falar calmamente com seu filho sobre trapaça é para descobrir o que o levou a tal comportamento. Pode ser que ele diga: "Porque eu não sabia a resposta e não queria tirar nota baixa". Sua resposta poderá ser: "Não estou bravo(a), ou pelo menos estou tentando não ficar. A propósito, notas baixas ajudam, porque mostram a você o que precisa estudar mais, e isso é importante". Procure refletir sobre o problema de seu filho, para ter melhor compreensão. Ensine seu filho a não se comparar demais com os outros, mas a almejar progresso pessoal — conquista em relação à qual não é possível trapacear —, de modo que ele não tente trapacear por medo de errar.

O que fazer

✓ Pergunte a si mesmo se você tende a agir com orgulho, sempre pronto(a), com as respostas certas. Você dá muita importância ao fato de ser o(a) número um? Em caso afirmativo, tente refrear sua altivez ou poderá induzir seu filho a procurar quaisquer meios para imitá-lo(a). Tenha certeza de não estar comparando seu filho com amigos ou irmãos, o que pode torná-lo demasiadamente competitivo.

✓ Concentre-se nas qualidades de seu filho. Seja encorajador(a). Veja o lado bom de cada ação dele (quase sempre existe um). Concentre-se nos esforços dele, não nos resultados.

✓ Certifique-se de não estar controlando demais seu filho. Não o diminua nem o exclua. Estimule-o a agir e a falar abertamente. Inclua-o nas discussões. Cuidado ao falar de grandes vencedores.

O que não fazer

✗ Não se envolva sempre nos problemas de seu filho a fim de facilitar as coisas para ele. Deixe que aprenda pela experiência que a vida não é fácil e que trabalho duro é a única solução digna.

✗ Não se vanglorie toda vez que sair vitorioso(a), nem fique deprimido(a) quando perder.

A arte perdida de ser um bom ouvinte

A maneira de estimular seus filho a falar — tanto sobre trapaças como sobre qualquer outro assunto — é tornar-se um bom ouvinte. Aqui seguem algumas sugestões para desenvolver a rara habilidade de ter uma boa conversa com o próprio filho.

✓ Tente superar o irresistível desejo de ouvir a sua própria e melodiosa voz. Em vez disso, fique silencioso(a) e ouça o que seu filho tem a dizer.

✓ Olhe nos olhos de seu filho enquanto conversam.

✓ Faça gestos estimulantes, como acenar com a cabeça afirmativamente. Diga alguns "ah, é" e "sim" de vez em quando.

✓ Aprenda a resumir o que acabou de ouvir: "Então, você pensa que fomos injustos mandando você para a cama no meio de seu programa predileto?". Isso se chama escuta ponderada e permite à criança saber que você está prestando atenção. E, se você interpretou mal a situação, poderá corrigir em tempo.

6
O chorão

O poder das águas

O comportamento

O som do choro de seu filho pode dilacerar seu coração ou transformá-lo(a) em geladeira, dependendo do motivo do choro e de quantas horas de sono você teve na noite anterior. Choro é uma das poucas armas que a natureza concedeu às crianças, e é muito poderosa. Para recém-nascidos, é a *única* forma de comunicação.

Por que acontece

Seu filho pode estar chorando para avisar que está com fome, machucado ou com medo. Algumas crianças, porém, choram para informar que são especiais e precisam ser tratadas com luvas de pelica. Usam as lágrimas para angariar simpatia ou tratamento especial. Você termina rastejando para satisfazer a seus desejos, por medo de um berreiro ensurdecedor.

Sua reação

Instintivamente, você quer ajudar, consolar ou animar o pequeno ser soluçante. O choro nos atinge no plano emocional, e é difícil reagir racionalmente quando é usado para manipular situações.

Sua estratégia

Verifique se o choro é provocado por algo sério ou simplesmente pela necessidade de atenção especial. No último caso, não trate a criança como um ser extremamente sensível, acalentando-a sempre que chora.

O que tentar primeiro

O notável psicólogo infantil Rudolf Dreikurs uma vez chamou o choro de "o poder das águas". E é realmente poderoso; mas você tem de ensinar seus filhos a não se utilizarem demais desse recurso. A criança que abusa do choro deseja ser mimada, ou evitar algo remotamente desagradável e/ou obter ganhos. Para cortar o mal pela raiz, pare de responder ao choro.

Medidas práticas

Aqui estão cinco estratégias para acabar com o choro desnecessário (e nós destacamos a palavra *desnecessário*):

✓ Aprenda a distinguir o choro justificado ("Estou com uma dor forte aqui, venha e me ajude") do choro usado como instrumento de poder. Se a criança fica se jogando ao chão e soluçando convulsivamente sobre a cama, não reaja com excessivo carinho e consolo. Não faça um tremendo drama se uma criança pequena fica batendo a cabeça ou rastejando de joelhos. As crianças aprendem a explorar um bom choro quando têm a oportunidade para isso.

✓ Diga a seu filho que é difícil falar com ele quando está chorando, mas que você ficará feliz em conversar a respeito quando ele estiver mais tranqüilo. Certifique-se de não estar exagerando no consolo. É boa idéia deixá-lo sozinho por algum tempo, para se acalmar. Não deixe as lágrimas alterarem quaisquer regras ou decisões já tomadas — como horário para dormir ou pequenas tarefas.

✓ Se você conseguir, afaste sua mente quando seu filho começar a chorar escandalosamente. Continue a fazer o que estava fazendo, como se não houvesse uma sirene de alarme berrando em seu ouvido. Quando ele se acalmar — e somente então — verifique o motivo.

✓ Quando seu filho pára de chorar e quer falar sobre o problema, dedique a ele atenção total.

✓ Ajude seu filho a ser independente. Não tente protegê-lo sempre ou ser seu(sua) companheiro(a) constante. Designe-o para fazer sozinho algumas tarefas: pequenos serviços domésticos, ajudar as crianças menores etc. Isso lhe dará maior sensação de competência.

PONTO-CHAVE. Se você atende ao choro cuja intenção é apenas chamar a atenção, ou ganhar uma batalha, ou ser servido, você está perdido.

7
O tagarela

"Blablablá... blablablá... blablablá..."

O comportamento

À semelhança de muitos impulsos positivos, a necessidade de se expressar pode ser abusiva. A criança excessivamente tagarela persegue você pela casa, chamando sua atenção com intermináveis perguntas, piadas e inacabáveis descrições cena a cena do último filme infantil. Crianças menores aprendem que, se utilizam a frase mágica "por quê?", sempre conseguem a atenção de um adulto. Perguntas estimulantes para o conhecimento transformam-se em enfadonhas e intermináveis questões:

Filho: Papai, por que as pessoas arrotam?

Pai: Porque engolem muito ar enquanto comem e arrotar ajuda a ficar livre dele.

Filho: Por que fazem isso?

Pai: Todos engolem ar enquanto comem, mas, se você come depressa demais, engole muito mais.

Filho: Por quê?

Pai (suspirando): Simplesmente acontece.

Filho: Por quê?

Pai (olhando as horas): Querido, estou com pressa.

Filho: Por quê?

E assim por diante.

Por que acontece

Fazem isso para conseguir atenção — pura e simplesmente. A verdade é que muitas crianças só se sentem importantes quando alguém está prestando atenção nelas. Elas desejam tanto isso que, ainda que a atenção seja negativa (como quando lhes é dito "Fique quieto, por favor!"), é melhor do que serem ignoradas.

Sua reação

Você foi laçado. Quer se comunicar com seu filho e ensinar-lhe tudo sobre o mundo, mas está claro que ele tem sua agenda própria — uma agenda que pouco tem a ver com curiosidade.

Sua estratégia

Retirá-lo do recinto ou deixar de escutá-lo.

O que tentar primeiro

Aqui é questão de estabelecer uma fronteira entre seu próprio espaço e o espaço de seu filho ou o espaço comum. Tudo bem se seu filho é extrovertido, mas você tem de manter seu próprio espaço. Se você está ocupado e ele quer conversar, diga-lhe: "Agora estou ocupado, mas iremos conversar mais tarde". Se continua falando, ignore-o. Se você consegue se distanciar mentalmente, melhor. Se não, retire-se. A idéia aqui é sustar a recompensa — sua atenção — pela tagarelice. Se você está falando com um amigo e a criança continua interrompendo, continue conversando após ter explicado: "Gostarei de saber a respeito quando tiver terminado a conversa com meu amigo". (Não deixe de, antes, explicar a conduta a seu amigo.)

Medidas práticas

✓ Uma boa maneira de fazer seu filho saber que você já ouviu o bastante sobre o assunto é tocá-lo nos ombros ou colocar seu braço em volta dele enquanto ele continua a falar. Ele sentirá que tem o seu respeito, mas não toda a sua atenção.

✓ Se você suspeita estar enredado(a) no interminável jogo de perguntas de seu filho, reflita se são perguntas ponderadas ou simplesmente apelativas. No último caso, vá fazer alguma coisa ou saia de perto dele. De qualquer modo, esteja certo(a) de que ele não está conseguindo recompensa por seu comportamento.

✓ Por mais tentador que seja, não o mande calar a boca. E evite apelidos depreciadores, como "vitrolinha" ou "matraca". Crianças tentam corresponder ao rótulo dos pais.

PONTO-CHAVE. Não pense que você tem de estar disponível toda vez que seu filho fizer uma pergunta ou um comentário. A disponibilidade ilimitada somente incentivará o egocentrismo dele. Ensine-o a ser paciente. Estimule-o quando fizer perguntas pertinentes. Deixe claro quanto ele ajuda quando encontra, ele mesmo, algo para fazer — como desenhar ou ler — enquanto você está trabalhando no mesmo local.

8
O mentiroso

"Foi o monstro que quebrou a lâmpada! Verdade!"

O comportamento

"Quem quebrou a lâmpada?" Quantas vezes você fez uma pergunta como essa apenas para ser bombardeado(a), durante vinte minutos, com as mais fantasiosas mentiras que já ouviu, repletas de personagens míticos, estranhos misteriosos ou irmãos maldosos?

Por que acontece

Crianças mentem para fugir de encrencas, para impressionar e para manipular.

Sua reação

Quando a mentira é uma constante, não há pai ou mãe que não se preocupe com a perspectiva de seu filho crescer desonesto. Preocupa não poder acreditar no próprio filho. Você sabe que, se não pode obter, de uma criança de três anos, uma resposta digna de confiança para algo tão simples como "quem derramou o leite?", estará em sérias dificuldades quando perguntar a seu adolescente por que o carro da família está caído na valeta. Mentiras têm de ser cortadas em definitivo. Mas por que começaram e como você pode acabar com elas?

Sua estratégia

Faça seu filho confiar em você, não importa o que ele fez. Ajude-o a encontrar uma solução para qualquer problema pelo qual ele estiver mentindo.

O que tentar primeiro

Tente fazer seu filho confiar suficientemente em você para estar certo de que, seja qual for o problema — desde leite derramado até a quebra do vaso de cristal da vovó —, poderá ser resolvido sem castigos severos.

Medidas práticas

✓ Antes de mais nada, deixe seu filho saber que você o ama de modo incondicional.

✓ Não tenha uma reação exagerada diante da mentira e, principalmente, evite gritos e ameaças.

✓ Em tom calmo e amigável, fale a respeito do erro. Seja tão compreensivo quanto possível.

✓ Ofereça-lhe uma recompensa por dizer a verdade, admirando abertamente sua coragem. Ele tem de aprender que a verdade é mais poderosa que a mentira.

✓ Estabeleça regras para que o mau comportamento possa ser evitado no futuro.

Anatomia de uma mentira

O hábito de mentir pode começar em tenra idade. Crianças muitas vezes mentem a respeito de sua idade (somam alguns anos, ao contrário da habitual subtração dos adultos). Às vezes, mentem para exibir mais esperteza do que você ou, em luta pelo poder, simplesmente para rebelar-se. Mas, em geral, é para evitar um inferno por uma coisa qualquer que tenham feito. Para elas, essa é uma forma criativa de resolver o problema. Quanto maior o castigo esperado, maior a possibilidade de fabricarem uma história para contornar aborrecimentos.

Também é importante distinguir entre histórias criativas e histórias falsas. Enquanto mentir geralmente é uma tentativa de evitar aborrecimentos, a meta do contador de histórias é chamar a atenção.

O que fazer

✓ Inclua seu filho na procura por cooperatividade para solucionar os problemas, em vez de eleger o castigo como correção. Se você vem de uma família na qual "maus comportamentos" (incluindo derramar leite) precisam de um forte corretivo, então é possível que seu filho minta em defesa própria.

✓ Permita que seja fácil para ele contar a verdade, mas não *muito* fácil. Se esteve tentando ocultar algo terrível, mas se decidiu pela verdade, diga-lhe: "Estou feliz por finalmente você ter contado a verdade, mas me entristece saber o que fez". A essa altura, ele tem de consertar o que fez — seja de que modo for.

O que não fazer

✗ Não brinque de detetive: "Muito bem! Qual de vocês, pestinhas, quebrou o aparelho de som?". Em vez disso, diga algo como: "O aparelho de som está quebrado" ou "Vejo que você quebrou o aparelho de som. Quer falar a respeito?". É difícil fazer isso calmamente, mas a vantagem é: se você aprender a agir assim, terá de fazê-lo cada vez menos.

✗ Não chame seu filho de mentiroso. As crianças normalmente introjetam esse tipo de bofetada verbal e começam a se enxergar tal qual foram chamadas. Isso aumentará a probabilidade de recorrência. Aprenda a separar o agente da ação — não há necessidade de personalizar todos os atos inadequados.

9
O arrojado

"Veja, mamãe! Sem os miolos!"

O comportamento

Subir em árvores é um dos grandes prazeres das crianças. Mas, subir ao topo de uma árvore muito alta ou escorregadia, de onde se pode cair e morrer, deixa de ser propriamente um prazer. Pais de filhos muito arrojados passam boa parte do tempo com o coração nas mãos, observando seus monstrinhos a saltar de caminhões, a correr pelos telhados e a voar em uma bicicleta com as mãos soltas. Assumir riscos pode beirar um desejo suicida quando o risco significa, por exemplo, dar um pontapé em Juca, o psicopata da escola. Essas crianças brincam com fogo — também no sentido literal — e podem começar a roubar lojas apenas por prazer. Para seus amigos, são verdadeiros Indianas Jones. Para os pais, são sinônimo de muitas viagens ao pronto-socorro.

Por que acontece

Para impressionar os amigos, para receber atenção dos adultos ou para romper os laços com pais excessivamente protetores.

Sua reação

Medo, apreensão, histeria, esgotamento.

Sua estratégia

Afaste seu filho da situação de perigo com um mínimo de conversa e de atenção. Quando não houver perigo de morte, deixe que ele colecione algumas batidas e machucados.

O que tentar primeiro

Se seu filho já se colocou em situações de risco muitas vezes, é perda de tempo dizer a ele que pular do telhado ou descer pelo escorregador de cabeça para baixo é perigoso. Ele já sabe disso. Só existem duas coisas a fazer:
1. Afaste-o do local de risco e diga-lhe, com firmeza e calma (sem assumir um tom de sermão), que ele não pode brincar no balanço se tentar fazer algo perigoso, como enrolar a corrente em torno do pescoço. Se ele insistir no comportamento, diga-lhe que, dali por diante, você terá

de tomar conta dele. Por isso, ele deve se afastar do brinquedo e ficar perto de você, a menos que prometa brincar de forma segura. Deixe que *ele* decida quando está pronto para voltar a brincar. Caso perceba que ele não está mantendo a palavra, *você* resolve o momento em que ele pode voltar.

2. Se não houver perigo de morte ou de ferimentos graves, deixe seu filho se machucar. Isso é difícil para os pais, mas, quando a ocasião é apropriada, é um modo de educar: a dor é uma excelente professora para crianças assim.

Os três tipos de caçador de risco

Além da óbvia descarga de adrenalina, as crianças assumem riscos para conseguir atenção e respeito. Em geral, podem ser classificadas em um dos três tipos básicos:

1. *O investigador entusiasmado.* Essa criança adora o desafio e o lado desconhecido do perigo. Talvez ela seja superprotegida pelos pais, e por isso não teve oportunidade de aprender que a vida é perigosa. Não lhe foi permitida a dose normal de pancadas e ferimentos de uma criança comum. Ela sai à rua como se estivesse fazendo um passeio pelo céu. Solução: sem deixar que seja atropelada por um carro, permita que ela vivencie o quanto a vida pode ser perigosa quando não se tem cuidado. Por exemplo,

deixe que bata contra a parede se insistir em montar em seu rolimã de olhos fechados.

2. *O provocador.* Recebe constantes reprimendas por desafiar os pais, que costumam ter uma reação exagerada diante de suas façanhas. Fica de pé sobre um muro e os pais correm atrás dele histericamente com uma rede. Solução: não reaja com estardalhaço. Se você tem realmente de intervir (por exemplo, para salvar a vida dele), faça-o da maneira menos espalhafatosa possível, para que não haja a possibilidade de ele se sentir recompensado.

3. *O super-herói.* Ele quer impressionar os amigos por sua coragem e por seus desafios à morte. Você não consegue controlar o que ele faz em companhia de outras crianças. Sua melhor atitude é a prevenção (veja a seguir).

Medidas práticas

✓ Não seja superprotetor(a). Se, em um passeio com você, seu filho não prestar atenção por onde anda, deixe que ele tropece em uma pedra. Você só estará sendo maldoso(a) se rir de seu tombo. Lembre-se de que as crianças podem conviver tranqüilamente com uma casquinha no joelho. Elas têm de aprender a cuidar de si mesmas, porque você não pode ser seu anjo da guarda para sempre.

✓ Tente não se repetir indefinidamente. Dizer a seu filho que "passear agitando uma vareta pontiaguda na mão coloca em risco tanto você quanto outras pessoas" é inútil após a décima vez. Em lugar disso, estabeleça uma regra enérgica sobre não correr segurando objetos potencialmente perigosos. Mostre firmeza para destacar a importância das regras de segurança. Por exemplo, se você sai para um passeio em família e seu filho fica correndo pelo meio da rua, obrigue-o a segurar sua mão até que esteja pronto para se manter na calçada.

✓ Faça com que tome conta de um animal. Ser responsável pela segurança de um bichinho aumenta a consciência do perigo.

✓ Deixe que tome conta de crianças mais novas. Isso também estimula atitudes de precaução e cuidado.

✓ Quando se machucar, deixe seu filho limpar o ferimento e fazer o curativo. Isso não só o ajudará a manter o seu orgulho, como também eliminará sua necessidade de atenção especial. Seja qual for sua

reação, jamais diga algo como "Ah, coitadinho!" ou "Bem que avisei!".
✓ Esteja mais atento(a) com esse tipo de criança do que estaria com uma criança cautelosa.

10
O pequeno ladrão

"Foi ele que pegou!"

O comportamento

Muitas crianças, em algum momento da vida, apropriam-se de algo que não é seu. Quando, porém, a atitude torna-se habitual, o comportamento é motivo de preocupação séria para os pais.

Por que acontece

Às vezes, crianças pegam o que não lhes pertence simplesmente porque desejam aquele objeto e estão acostumadas a conseguir de imediato tudo o que querem. Por vezes, roubam para impressionar os amigos com seu desprezo pelas conseqüências e com sua generosidade na repartição do resultado do roubo. Podem até mesmo roubar *de* seus amigos. Outras vezes, roubam apenas por desforra contra os pais.

Sua reação

Ter um pequeno contraventor na família é realmente constrangedor. Para alguns pais, é até mesmo difícil dizer o que é pior: os roubos em si ou as flagrantes mentiras que acompanham o mais insignificante dos delitos.

Sua estratégia

Não mime seu filho demais ou ele sentirá que tem direito a tudo o que deseja. Dê a ele uma mesada suficiente para satisfazer desejos razoáveis.

O que tentar primeiro

A melhor maneira de fazer seu filho parar de roubar é, em primeiro lugar, impedir que isso aconteça. Existem três meios para evitar esse tipo de atitude:

1. Não seja demasiado indulgente com ele.
2. Ajude-o a desenvolver um forte senso crítico sobre o que é certo e o que é errado.
3. Ensine-o a ter interesse social, para que se preocupe com as conseqüências de seus atos.

Medidas práticas

✓ Costuma-se dizer que o caminho para o inferno está calçado com boas intenções. Quando ouve frases como essa, você logo pensa em uma educação pautada por excesso de indulgência ou de mimo (veja o Capítulo 44, sobre as birras). Pais muito indulgentes almejam o que todos queremos: filhos felizes. Mas tentam conseguir isso dando aos filhos tudo o que eles pedem. Ironicamente, tal conduta resulta em pessoas profundamente infelizes, que não conseguem conviver com o fato de que não é possível obter tudo o que se deseja na vida. Pior, quando ouve um *não*, o primeiro impulso da criança supermimada é tomar para si aquilo que deseja, simplesmente porque acredita ter direito a isso. Deixe-a enveredar por esse caminho e você pagará o preço mais tarde, quando um pacotinho de doces de R$ 0,50 torna-se um videogame de R$ 500,00. Em lugar disso, determine o que é realmente importante seu filho ter e mantenha-se firme em sua resolução. Se você decide que ele pode comprar doces uma vez por semana, atenha-se a isso, não importa o que aconteça. Se você diz *não* aleatoriamente, sem estabelecer uma regra, ele pensará que você está apenas sendo pão-duro. Ajudaria se ele não visse você fraquejar e comprar para si mesmo por impulso.

✓ Dê a seu filho uma mesada. Ensine-o a administrar bem o próprio dinheiro. A mesada oferece uma alternativa para a aquisição de mimos. Se ele a esbanjar rapidamente, não interfira nem lhe dê mais dinheiro. Nada de gastos extras!

DICA. Quando os furtos são facilmente perceptíveis, provavelmente a causa principal do problema é o desejo de vingança. Algumas vezes, as crianças roubam por ressentimento. Para aquelas que estão realmente enraivecidas com os pais, roubar é um magnífico recurso de vingança — conseguem não apenas um fantástico brinquedo novo, como também infernizar a vida dos insensíveis pais. Antes de se desesperar, entenda que a criança que deseja ferir você sente-se, ela mesma, muito ferida. Então, está na hora de conversar com ela sobre esses sentimentos, algo que os pais inflexíveis e impacientes não fazem com suficiente freqüência — o resultado é que seus filhos não aprendem a comunicar o que estão pensando e sentindo, e a comunicação é a precursora da solução de problemas.

✓ Às vezes, a criança rouba apenas por pressão do grupo de amigos. Esse problema exige muito diálogo e orientação. Você não pode estar com seu filho o tempo todo; por isso, tem de mostrar-lhe como resistir quando a turma estiver sendo tola. Tente jogar com a dramatização: você será ele e ele será um dos amigos que planejam o "grande assalto". Depois inverta os papéis. Essa técnica também pode ser usada mais tarde, quando fumo e bebida ficam em pauta.

✓ O próximo passo é ajudar seu filho a desenvolver interesse social (consideração pelos outros) e senso de valores. A melhor maneira de conseguir isso é envolvê-lo em atividades filantrópicas e assistenciais:

- doar brinquedos usados para crianças carentes;
- auxiliar os idosos em pequenas tarefas;

- ajudar em campanhas de distribuição de alimentos;
- tomar conta de irmãos mais novos enquanto você está preparando o jantar.

✓ Provavelmente será necessária uma supervisão mais intensa. Crianças que perambulam por aí, sem rumo e sem meta, caem na tentação de práticas reprováveis. Mantenha seu filho ocupado com atividades saudáveis e divertidas, como esportes, jogos, leituras estimulantes e clubes de ciência.

✓ Pergunte a seu filho como se sentiria se alguém tomasse alguma coisa dele. Faça com que ele se coloque no lugar das pessoas a quem prejudicou. Esclareça o que você pensa ser certo ou errado. E não altere as regras do jogo conforme a situação. Se seu filho perceber que *você* mente sobre a idade dele para conseguir desconto na entrada para o zoológico, por que *ele* não poderá roubar?

O que fazer

Sua primeira reação ao ser informado(a) de um delito de seu filho é gritar, esmurrar, castigar. Contudo, esse não é o melhor caminho, ainda que permita desabafar e aliviar o desconforto. Você pode demonstrar indignação perante uma conduta anti-social, mas castigo não funciona. *Devolução* é a resposta. A criança tem de assumir a sua responsabilidade e reparar o erro, o que inclui devolver os bens de propriedade alheia (ou pagar pelo doce roubado) e pedir desculpas à vítima. Acompanhe-o nesse processo.

11
O carrancudo

A raiva silenciosa

O comportamento

Um intenso mau humor pode preencher toda a casa com vibrações de raiva. O emburrado típico pode ficar nesse estado durante dias, até que nem ele mesmo saiba mais por que tudo começou. Geralmente é porque alguém disse a palavra proibida: *não!* Alguém não permitiu que ele pernoitasse com seus amigos, ou comprasse um brinquedo, ou assistisse a um filme de terror.

Por que acontece

Emburrar nada mais é que expressar a raiva de modo silencioso. Algumas crianças ficam amuadas para expressar a raiva que sentem perante a frustração de seus desejos.

Sua reação

O primeiro impulso diante de uma criança mal-humorada é tentar torná-la feliz. Lá está seu filho, emburrado, com os braços cruzados junto ao corpo, parecendo ter chupado seis limões, e tudo o que você quer dizer é: "Ah, querido, o que aconteceu?". Uma onda de sentimentos confusos invade você; a culpa predomina, seguida por um desejo crescente de ceder.

O mau humor é tão eficaz que, após algum tempo de carranca, a maioria dos pais e mães receberia com satisfação uma boa e antiquada explosão de raiva.

Sua estratégia

Ignore o comportamento ressentido. Depois, estimule a criança a falar sobre os motivos que a levaram a isso.

O que tentar primeiro

Não ceda à carranca de seu filho. Antes de mais nada, lembre-se de que ele ficou emburrado porque você se recusou a atender um pedido. Ficar emburrado é um retraimento agressivo e uma tentativa de manipulação. É natural querer coisas e, perspicazes como são, algumas crianças recorrem com freqüência ao mau humor para obter o que desejam. Se você ignora tal comportamento, não há recompensa.

DICA. Se está constantemente mal-humorado, seu filho está conseguindo alguma espécie de recompensa com esse comportamento. Fique atento(a)!

Medidas práticas

✓ Não se deixe irritar pelo mau humor de seu filho. Não altere sua rotina nem tente recompensá-lo de algum modo. Mantenha sua linguagem corporal normal e adote uma expressão alegre ou, pelo menos, neutra.

✓ Se o clima ficar detestável, peça a seu filho que se mantenha afastado, no quarto dele por exemplo.

✓ Quando o mau humor passar, estimule-o a falar sobre o assunto. Seu filho precisa saber que você deseja entender os sentimentos dele.

PONTO-CHAVE. O mais importante é conseguir que seu filho fale sobre seus desapontamentos e sobre como gostaria de ser tratado.

O que fazer

✓ Tenha em mente que seu filho pode ter uma queixa justificada. Não menospreze automaticamente suas exigências ou preocupações. A diferença entre uma mochila e uma sacola de escola pode parecer banal para você, mas pode arruinar o dia de seu filho. Deixe seu filho saber que você está sempre disposto a conversar sobre os problemas dele. Proponha alternativas para o mau humor.

✓ Solucione a questão o mais cedo possível. Assim que seu filho começar a ficar mal-humorado, diga algo como: "Você parece arrasado. Quer falar a respeito?". Se ele não quiser, deixe-o como está.

✓ Encoraje seu filho quando ele começar a falar sobre o problema, dizendo: "Eu gosto que você fale sobre essas coisas, mesmo se você estiver aborrecido".

O que não fazer

✗ Não comente o mau humor de seu filho nem pretenda aliviá-lo com a oferta de um passeio ou diversão — isto é recompensa.

✗ Não adote para si o mesmo tipo de atitude em outras situações, ficando mal-humorado(a) ou virando as costas para seu parceiro(a), por exemplo.

✗ Ignore o comportamento de seu filho. Uma carranca ostensiva pode deixar o ambiente mais malcheiroso que um peixe estragado. É o auge da agressão passiva. Se a situação ficar insustentável, peça a seu filho que se retire. Quando se trata de criança mais velha, rebelde, pode ser melhor que você se afaste. Esteja certo de fazê-lo sem raiva. Sem audiência, a maioria das crianças não se preocupa em desperdiçar um bom desempenho.

OUTRO PONTO-CHAVE. Lembre: seu filho não está no mau caminho, ele está realmente infeliz. Mas não cometa o erro de imaginar que sua função é deixá-lo eternamente feliz. Uma criança mal-humorada com freqüência tem um dos pais que sofre por algo; por isso, desde cedo entende a infelicidade como uma ferramenta poderosa.

12
O respondão

Uma lança sempre em riste

O comportamento

Você talvez pense que, por tudo que faz como pai ou mãe, o mínimo a esperar de seu filho é um pouco de respeito. Responder com irreverência ou agressividade é uma das maneiras mais potentes de desrespeito que uma criança pode infligir aos pais. Talvez ela ainda não saiba nadar ou guiar um carro, mas, mesmo pequena, já sabe usar todo um arsenal verbal para agredir você. Comentários sarcásticos ("Ih, cara! Deixando a peteca cair de novo... Ham, ham!"), palavras violentas ("Odeio você!"), jogos retóricos ("O que você é? Surdo?") e a irônica repetição favorita de todos ("Tá, tá, tá!") são empregados com a habilidade de um roteirista de Hollywood.

Por que acontece

Em uma palavra: vingança!

Sua reação

Se um adulto lhe falasse dessa maneira, você poderia simplesmente se recusar a manter qualquer tipo de relação com ele. Mas, quando é seu filho que o faz, é difícil não responder à altura. A vida da família começa a parecer um caos. Como você pode impedir esse comportamento inadequado tão embaraçoso, mantendo a civilidade?

Sua estratégia

Se seu filho costuma responder com agressividade, pergunte a si mesmo(a) de que modo você fala com ele. Talvez o primeiro passo seja corrigir o seu próprio modo de agir.

O que tentar primeiro

Reflita sobre como você age com seu filho. Você o mima? Você o agride verbalmente? Os filhos moldam grande parte de seu comportamento espelhando-se nos pais. Se estão se excedendo verbalmente com você, por certo não estão aprendendo isso assistindo à tevê.

Também pode ser que você o esteja mimando tanto, que ele se sente como se fosse o chefe. Enxerga você como alguém mais fraco que ele e que, portanto, não merece respeito.

A solução é ensinar a seu filho que não se pode ter tudo o que se deseja na vida e que todos devem ser tratados com respeito. Você pode dizer algo como: "Sei que você não quer fazer isso, mas de qualquer modo tem de ser feito". Essa postura pelo menos valoriza os sentimentos dele.

Medidas práticas

✓ Analise quanto você é responsável pelo comportamento de seu filho. Você constantemente:

- resmunga — "Estou ficando doente e cansado(a) de tanto falar para você quanto estou doente e cansado(a) por...";
- rotula com chavões — "Rapaz, você parece manteiga derretida!";
- estigmatiza — "Se tivesse um mínimo de massa cinzenta, você entenderia que...";
- impõe sua vontade — "Porque eu disse, assim será feito!";
- se mostra impaciente — "Venha, venha! Ande depressa!".

✓ Tente falar com seu filho da mesma maneira cordial com que fala a qualquer adulto.

✓ Se seu filho insiste na agressão verbal, retire-se. Tranque-se no banheiro com um bom livro ou saia para dar uma volta, no caso de criança mais velha. Se ele ainda for pequeno, peça para que saia do recinto e volte apenas quando puder se comportar de maneira respeitosa. Se ele não quiser sair, retire-o você. Não fique irritado(a), ou ele será o vencedor.

✓ Algumas vezes as crianças não se dão conta de que ultrapassaram os limites. Faça seu filho perceber o que fez ponderando sobre o comportamento dele: "Você acha que o que acabou de me dizer está certo?". Acima de tudo, faça-o perceber que, sendo agressivo, não conseguirá o que deseja.

✓ Adote a arte de ser um bom ouvinte quando seu filho responder (veja o Capítulo 5). Eis aqui duas cenas muito diversas.

Cena A

Mãe: Diabos! Já lhe disse cinco vezes para ir dormir!

É o mesmo que falar com a parede!

Filho: Odeio você! Não quero ir para a cama!

Mãe: Não fale assim comigo. Sou sua mãe.

Filho: Não me lembre disso.

Mãe: Muito bem. Sem tevê por uma semana.

Cena B

Pai: Está na hora de ir dormir. O que você ainda está fazendo?

Filho: Mas eu não quero ir para a cama agora. Não é justo.

Pai: Estou feliz por você me dizer isso. Não sabia que se sente assim. (Essa abordagem geralmente os desarma.)

Filho (ainda perturbado, porém cauteloso): Mas não é justo mesmo!

Pai: Parece que você realmente não gosta quando eu insisto para você ir para a cama.

Filho: É.

Pai: Então, você e eu precisamos conversar para descobrir qual é a melhor hora de um filho ir para a cama.

Este último é um bom exemplo de solução saudável para o conflito — aquela que fortalece, muito mais do que fere, o relacionamento. Você mostra à criança consideração pelos sentimentos dela e ganha um espaço para explicar (sem manipulação) o seu próprio ponto de vista.

13
O choramingão

Veneno em doses homeopáticas

O comportamento

Seu filho choraminga desde a hora em que acorda até o momento em que adormece. E não apenas choraminga; é também um especialista na arte de repetição: "Quero um copo de *suuuuco*. Por favor, *mãezinhaaaa*, eu quero *jáaaaa*" ou "Não gosto desta *comiiiida*, quero *ouuuutra*".

Por que acontece

Porque funciona.

Sua reação

O tom e a interminável repetição de choramingos são capazes de deixar qualquer pai e mãe malucos. É como se um mosquito zumbisse dentro de suas cabeças. E as crianças instintivamente sabem disso e transformam o choramingo em uma arma na luta pelo poder.

Sua estratégia

Nunca atenda a um pedido choroso.

O que tentar primeiro

Como ocorre com qualquer outro ruído incômodo, seu primeiro impulso é livrar-se do mosquito: dar à criança o que ela está pedindo com seu choramingo. Mas, cedendo, você permite que ela alcance ambas as metas: atenção e favor. Vitória absoluta! A menos que você não se importe que seus descendentes ainda estejam gemendo aos quarenta anos de idade, não faça isso, não ceda.

Medidas práticas

✓ Ignore os queixumes. Logicamente, isso é difícil, mas nunca, *jamais*, atenda a um pedido choroso. Mostre-se ocupado(a). Faça de conta que não está escutando. Isso funciona particularmente bem com quem está buscando atenção.

✓ Dê a seu pequeno choramingas uma escolha: "Terei prazer em lhe fazer um sanduíche se você pedir de maneira agradável".

✓ Faça o inesperado. Entre no quarto com um sonoro e alegre "Bom dia, querido!", em lugar do habitual "João, pare de choramingar *pelo amor de Deus!*". Isso deve levá-lo ao silêncio, pelo menos temporário.

✓ Retire-se do local. Isso o priva do alvo de seus queixumes, que é você. Volte apenas quando o choramingo cessar. Se estiverem passeando, volte para casa. O zoológico, a sorveteria, a loja de brinquedos terão de esperar.

O que fazer

A manobra para evitar futuros choramingos consiste em reforçar o bom comportamento. Quando seu filho fizer um pedido em tom agradável, deixe que ele perceba o quanto você aprecia: "Oba! Gosto quando você pede as coisas desse jeito!". E também pare de reagir com lamúrias: "Você está me deixando louca!" ou "Meu Deus, não agüento mais!". Essa reação não só aumenta o zumbido geral, mas diminui a auto-estima de seu filho, fazendo-o pensar em si mesmo como uma pessoa má.

Acima de tudo, aproveite as oportunidades cotidianas para ensinar seu filho a ser independente. Ele pode vestir-se sozinho e preparar seu próprio lanche. Se a água filtrada for deixada em local acessível, ele poderá se servir. Seu suco pode estar numa pequena jarra em uma prateleira baixa na geladeira. Naturalmente, é mais fácil servir o suco do que limpar o suco derramado, mas você desestimularia o natural desejo de seu filho por independência. Console-se no fato de que, quanto mais ele for estimulado a fazer as coisas por si mesmo, menos motivos terá para se lamuriar.

DICA. Tenha um bate-papo agradável com seu filho (depois que todos se acalmarem) para lhe explicar que você simplesmente não atende a pedidos chorosos. Exponha exatamente o que irá fazer e deixar de fazer se ele continuar a choramingar. É sua função oferecer-lhe alternativas civilizadas.

14
O "teledependente"

O poder hipnótico da telinha

O comportamento

A televisão é sedutora para adultos e, mais ainda, para crianças. Ligue aquele aparelhinho mágico e observe como seus pequenos se transformam em zumbis de olhar fixo. Eles não brincam, não interagem com o ambiente, não fazem nada mais do que prender o olhar à tela em desenhos animados bobos ou anúncios publicitários apelativos. Pior ainda é quando se detêm em um programa tão adulto que faria *você* corar. A única vantagem é que, quando entretidas com a telinha, as crianças ficam *quietas* — estado maravilhoso tão raro, que ficamos tentados, mais freqüentemente do que admitimos, a utilizar a televisão como babá eletrônica.

Por que acontece

Você está perguntando a sério?

Sua reação

Você está aflito(a) porque seus filhos assistem demais à tevê e não se dedicam a ocupações mais salutares, como desenhar ou ler. Você também se opõe à publicidade persuasiva, que funciona tão bem para crianças. Você gostaria de restringir e supervisionar a programação a que seus filhos assistem, mas como regulamentar uma atividade pela qual você mesmo demonstra simpatia? Por isso, a tevê, mais que a família, tornou-se o centro do universo de muitas casas.

Sua estratégia

Explique às crianças mais velhas por que alguns programas são bons e alguns são prejudiciais. Depois decidam juntos o que e o quanto podem ver. Para crianças mais novas (cinco anos ou menos), limite e controle a permanência diante da tevê.

O que tentar primeiro

A primeira coisa a fazer é aceitar a tevê como parte do mundo moderno, mas não aceitar de modo passivo. Sente-se com seus filhos e assista aos programas deles. Controle sua tendência natural de ditar leis e censurar tudo. Saiba que seus filhos são obstinados, e irão persistir em suas idéias e assistir a algum programa proibido em outro lugar. Para crianças com menos de cinco anos, você terá de censurar programas. Use o videocassete — uma das invenções modernas que realmente facilitam a vida — para julgar se um programa é adequado antes de permitir que seus filhos assistam a ele. Tenha à mão montanhas de filmes recomendados e não deixe crianças pequenas assistirem ao noticiário (muitas vezes violento). Se você tiver condições, mantenha um canal a cabo que apresente apenas programas orientados para a família, sem comerciais.

Medidas práticas

✓ Não deixe a tevê ligada o dia todo, principalmente quando ninguém estiver assistindo. Caso contrário, ela pode tornar-se onipresente, como um papel de parede muito berrante. Transforme a atividade de assistir à tevê em um momento especial.

✓ Consulte um guia de programação com seus filhos e anote aqueles programas aos quais todos desejam assistir. Desligue a tevê assim que o programa terminar.

✓ A melhor maneira de combater a violência apresentada na tevê é assegurar a seus filhos que estão num lar carinhoso, onde não há abusos físicos ou verbais. Você também pode estimular seus filhos a escrever cartas para as estações de tevê, para protestar contra as intermináveis violências a que assistem.

✓ Planeje várias atividades interessantes para a família que não incluam televisão. Isso não vai custar mais do que algumas revistas ou um bom jogo educativo. Mas lembre-se de que a tevê é hipnotizante; por-

tanto, você terá de ser tão criativo(a) quanto ela para poder competir. Aqui estão algumas idéias de como vencer a telinha:

- Estipule uma ou duas noites por semana para lazer em família. Se você acha que este não é exatamente um programa fantástico, lembre-se de que a maioria das crianças prefere jogar com adultos a assistir a um desenho de gato e rato com outras crianças. Esse tipo de atividade toma seu tempo — muitas vezes escasso —, mas, quando se trata de desacostumar seus filhos da televisão, *você* é a melhor alternativa.

- Compre montanhas de jogos e certifique-se de que sua casa está repleta de livros ou de fitas de histórias infantis. Faça visitas à biblioteca pública local e descubra uma loja de jogos educativos. Ensine-os a jogar charadas (as crianças adoram).
- Incentive seus filhos a convidar amigos e deixe que *eles* cuidem das distrações.
- Forme uma banda musical familiar ou ensaie alguma peça de teatro simples. É trabalhoso, mas vale a pena.

Sexo e violência

Agora vamos pensar um pouco em como agir perante esses dois temas, tão freqüentes na tevê. Nosso primeiro impulso é simplesmente proibir as crianças de assistir a programas violentos ou de forte apelo sexual. Isso permite maior controle sobre o que seus filhos assistem e ajuda a evitar o que é verdadeiramente danoso. O problema é que você também quer ensinar a seus filhos como julgar a boa e a má tevê, para torná-los críticos e responsáveis. Além do mais, as crianças irão ver esse tipo de programa em outros lugares. Veja tevê com seus filhos. Ensine-os a trabalhar imagens violentas formulando perguntas como: "Vocês acharam certo o que essas pessoas fizeram?", "De que outra maneira poderiam ter resolvido o problema?", "Vocês acham que pessoas assim violentas conseguem agir de outro modo?", "Por que vocês acham que tantas pessoas neste programa têm armas?", "Vocês se sentem bem assistindo a isto?"

DICA. Leve seus filhos para assistir à gravação de um programa de tevê realmente bom, para que possam entender melhor esse meio de comunicação.

Uma questão de hábitos

15
Higiene pessoal

Entre fungos e bactérias...

O comportamento

A maioria das crianças não tem como prioridade os cuidados com higiene pessoal, preocupação que se revela só mais tarde, com o impacto dos hormônios. Até o início da puberdade, elas são capazes de andar por aí com uma camada escura e cheia de crostas recobrindo todas as superfícies expostas, sem a menor aflição. Não se pode dizer que seus dentes sejam exatamente brancos ou que seus cabelos brilham porque estão sedosos...

Por que acontece

É certamente muito mais divertido brincar na lama com os amigos do que tomar banho na banheira. Para a maioria das crianças, a higiene pessoal está no fim da lista de prioridades, lá embaixo, com outros interesses tão caros aos adultos, como pontualidade e economia. Se você resmunga sempre a esse respeito, a reação de seu filho pode ser simplesmente sair correndo. E, claro, quanto mais velhos ficam, maior a possibilidade de a falta de higiene tornar-se um ato de rebeldia, sobretudo se você é "irritantemente limpo".

Sua reação

A palavra "nojento" começa a aparecer com freqüência nos seus pensamentos. Você se preocupa com os danos à saúde de seu filho, das cáries às piores doenças. Você também imagina como isso pode refletir negativamente na imagem de vocês como pais.

Sua estratégia

Relaxe. Transforme o banho e a toalete em atividades mais divertidas. Se a criança insistir em ficar suja, é uma luta pelo poder. Explique a ela as conseqüências sociais.

O que tentar primeiro

Pare de se preocupar com o que os outros pensam a respeito da higiene de seu filho. Isso é mais fácil de ser dito do que de ser feito, mas você tem de distinguir entre o seu filho "porquinho" e o seu próprio orgulho. Na pior das hipóteses, essa consciência eliminará automaticamente o elemento de luta pelo poder. E mais: os pediatras dizem que, tratando-se de saúde, basta tomar banho uma vez por dia. O importante é estabelecer uma boa rotina para seu filho ficar limpo sem que ninguém se estresse por isso — e sem luta pelo poder.

Medidas práticas

✓ Torne o banho divertido. Use sabonetes espumantes e distribua brinquedos pela banheira. Muitas vezes as crianças estão cansadas demais para tomar o banho habitual sem briga; assim, surpreenda seu filho ocasionalmente com um banho fora da rotina. Ponha uma música de fundo e faça tudo o que puder imaginar para que pareça uma ocasião especial.

✓ Eduque seu filho. Use livros ilustrados para explicar algo sobre bactérias. Peça a ajuda de um médico, enfermeira ou dentista para reforçar a explicação.

✓ Algumas crianças detestam sensações físicas intensas. Seja muito dócil com crianças desse tipo. Utilize xampu que não arda nos olhos ou uma toalha enrolada para protegê-los. Estimule as meninas a lavar e a escovar os cabelos de suas bonecas. Isso permite que, num primeiro momento, transfiram para as bonecas a experiência considerada desagradável e, mais tarde, venham a aceitá-la.

✓ Use um cronômetro de cozinha para seu filho controlar o tempo de escovação dos dentes.

✓ Escove os cabelos dele enquanto ainda estão úmidos. É mais doloroso tentar desembaraçá-los depois de secos. Use um condicionador.

✓ Exalte a vaidade dele, o que certamente faz maior efeito quando vindo de um adulto. Diga-lhe como fica bonito quando bem limpinho, como seus dentes são reluzentes e seus cabelos sedosos.

✓ Promova seções de escovação conjunta. Isso funciona especialmente bem para menores de cinco anos, que gostam da companhia dos adultos e de imitar o que eles fazem.

Conseqüências

Se tudo o que aqui foi sugerido falhar, não se desespere — não xingue, nem chore, nem saia por aí escovando os dentes de todos à força. Tente as seguintes condutas, todas muito simples:

- Diga a seu filho que, se não escovar os dentes, irá ter cáries. Peça ao dentista para lhe mostrar a foto de um dente cariado. Se surgir uma cárie, dê as boas-vindas a ela. Você o preveniu sobre essa possibilidade... Racione a ingestão de açúcar até que seu filho comece a cuidar melhor dos dentes. Se ele já está em idade de receber mesada, faça-o pagar parte da conta do dentista, esclarecendo que esse é o resultado de sua conduta, e não exatamente um castigo.

- Aponte para seu filho a má repercussão social de ocorrências como mau hálito e mau cheiro do corpo.
- Se as roupas de seu filho estiverem realmente imundas, não deixe que se sente nos estofados. Diga-lhe que não pode sair com ele porque irá escandalizar as pessoas. Ofereça-lhe mais de uma opção: ou ele fica limpo e sai com você ou fica aos cuidados de uma babá durante a sua saída.

16
Maus hábitos

"Você está limpando o salão para o baile?"

O comportamento

Chupar o dedo, roer unhas, enfiar o dedo no nariz, mastigar cabelos, coçar-se sem parar — não são hábitos que mereçam estímulo. Depois de adquiridos, é muito difícil eliminá-los.

Por que acontece

As crianças começam a desenvolver esses hábitos por razões muito naturais: chupar o dedo pode ser calmante, roer unhas pode aliviar a tensão e aquilo emperrado no nariz tem de sair de qualquer jeito. Muitas dessas ações não são, necessariamente, para agredir ou ridicularizar os pais, a menos que estes não sejam hábeis para lidar com a questão. Mesmo quando feitas com determinada finalidade, a meta em geral é inconsciente.

Sua reação

Você sabe bem a impressão que provoca um adulto que anda por aí cutucando o nariz ou roendo as unhas na frente de todos. Alguns maus hábitos podem deixá-lo irritado, mas outros o deixam verdadeiramente enojado. O que você pode fazer para combater os maus hábitos de seu filho?

Sua estratégia

Não importa quão reprovável seja o hábito de seu filho, reaja com tranqüilidade. Fazer muito alarde em torno do fato somente reforçará o comportamento.

O que tentar primeiro

Não se preocupe tanto com o caso, pois a primeira coisa que seu filho viu ao nascer foi papai roendo ansiosamente as próprias unhas... Dê a ele algumas boas razões para parar. Diga-lhe, por exemplo, que chupar o dedo não é legal porque: não é bonito de ver; pode trazer aborrecimentos; pode prejudicar o alinhamento dos dentes.

DICA. Não o repreenda dizendo "você parece um bebezinho". E não se exceda em justificativas para a interrupção do comportamento. Se o fizer, pode apostar que o caráter do comportamento vai mudar de simples costume para instrumento de poder ou de atenção. Lembre: maus hábitos são reforçados quando você resmunga. Se seu filho se sente no comando da situação e você continua a dizer-lhe para não mastigar os cabelos, pode estar certo de que ele irá mastigar, sim, os cabelos. Se ele quer atenção, um dedo no nariz será o meio mais fácil para consegui-la. Além disso, você pode contar com a pressão de terceiros, que não podem se comparar a milhares de horas de recriminação. Em outras palavras, a partir do momento que seu filho entrar na escola, a motivação que irá receber para eliminar maus hábitos colocará um fim rápido ao problema.

Medidas práticas

✓ Não fale com seu filho nem lhe dê atenção quando ele chupa o dedo (ou rói as unhas ou põe o dedo no nariz). Comece a conversar assim que ele interromper o comportamento.

✓ Se seu filho estiver realmente incomodando, peça que deixe o recinto. Faça-o entender que maus costumes são vulgares (jamais diga a uma criança que *ela* é vulgar) e falta de respeito com as outras pessoas. Ele poderá voltar assim que estiver decidido a não agir daquele modo.

✓ Se a criança tem quatro ou cinco anos, você pode ajudá-la a eliminar um mau hábito. Diga algo como: "Sei que é difícil para você parar com isso. Vamos ver como podemos ajudar". Quando a criança estiver em plena ação, tente alguns truques que desviem a atenção dela para outro foco, como, por exemplo, entretê-la com um piano de brinquedo — o que a impedirá temporariamente de roer as unhas ou de enfiar o dedo no nariz.

DICA. Muitas meninas param de roer as unhas quando lhes é permitido usar esmalte colorido.

17
Problemas com o uso do banheiro

"Estou sentindo um cheirinho estranho por aqui..."

O comportamento

Usar as calças como banheiro... Isso também é mau hábito? Após cuidadoso e bem-sucedido treinamento sanitário (pelo menos assim você pensava), seu filho de repente começa a andar de maneira esquisita e a exalar um odor um pouco, digamos, desagradável. Pior: há crianças que fazem isso em lugares estranhos, como atrás do sofá, como se estivessem brincando de esconder ovos de Páscoa. A escolha do local pode ser um processo bastante criativo, como quando meninos encontram prazer em fazer xixi embaixo de escadas. O comportamento excêntrico pode surgir em qualquer idade, mesmo aos dez anos. Seu filho sabe como se aliviar sozinho, mas, por algum motivo, não o faz no local apropriado.

Por que acontece

Terrorismo de banheiro é questão de medir forças. Basicamente, fazer as necessidades em local inadequado é uma forma de rebelião. A criança diz: "Faço onde *eu* quero". E diz também: "Não quero deixar de brincar para ir ao banheiro". A primeira atitude é rebelião contra os pais, a outra, contra as obrigações da vida. É claro que, se o comportamento persistir, os pais devem consultar um médico para averiguar se existe uma causa física.

Sua reação

Você começa a tremer quando seu filho se aproxima e nota que ele está se tornando algo impopular entre os amigos. Para os pais, isso não é apenas desagradável, mas constrangedor. Você não sabe como impedir tal comportamento, mas se sente mal quando a professora o(a) chama para discutir o problema. Você se sente irritado(a), frustrado(a) e um tanto responsável. Esse é um mau hábito que você *adoraria* eliminar.

Sua estratégia

Acredite se quiser, a melhor solução é simplesmente relaxar e deixar a situação como está.

O que tentar primeiro

Absolutamente nada — se você não deseja piorar ou prolongar a situação além do normal. O tempo resolverá esse problema; afinal de contas, com vinte anos seu filho não fará mais isso. Mas, se você deseja amenizar a situação, aqui estão algumas dicas para seu filho atravessar essa fase "fétida" de sua vida mais rapidamente.

Medidas práticas

✓ Monte um *kit* para acidentes (para crianças acima de quatro anos e meio). Diga a seu filho: "Acidentes podem acontecer. Vou mostrar como você pode se limpar". O *kit* pode incluir um saco plástico para as calças sujas, um pacote de lenços umedecidos, sabonete, toalha e uma muda de roupa limpa. Uma vez limpo, seu filho pode se vestir sozinho. Ajude apenas no que for necessário conforme a idade da criança. Faça-o rápida e objetivamente, e não como um jogo divertido.

✓ Explique-lhe as conseqüências de não se limpar sozinho. Lembre a ele que as pessoas não apreciam esse tipo de odor. Peça para ele esperar no banheiro até que esteja disposto para a limpeza. Deixe alguns brinquedos lá para essa ocasião.

O que fazer

✓ Faça seu filho entender que, assim mesmo, você o ama. Encoraje-o com comentários sobre sua crença na capacidade de ele superar essa fase.

O que não fazer

✗ Não faça muito alarde quando seu filho fizer as necessidades no lugar certo. Mostre-se um confidente confiável.

✗ Não exagere. Se você tentar obrigar seu filho ao uso do banheiro, estará desencadeando um jogo pelo poder. Em vez disso, procure tratar a situação com a mesma tranqüilidade com que encara outros problemas cotidianos.

✗ Não fique falando o óbvio ininterruptamente. Crianças são brilhantes: elas *já sabem* que fazer cocô nas calças é errado. Nunca explique a uma criança algo que ela já sabe.

✗ Não espere que tais hábitos mudem de um dia para o outro. Pode levar (sinto muito) de três a seis meses, dependendo da eficácia de sua reação. E, lembre, esse comportamento pode ser acidental, ou circunstancial, mas, se for persistente, revela o desejo da criança de controlar a situação.

✗ Não recompense seu filho com dinheiro quando ele consegue acertar. Temos conhecimento de um caso em que a criança conseguiu interromper o mau costume durante um mês, até economizar o bastante para comprar um rádio, e em seguida recomeçou.

18
A rebeldia com o vestuário

"Eu quero pôr esta roupa, e está acabado!"

O comportamento

O problema começa quando pais e filhos têm idéias diferentes sobre o estilo de roupa que é aceitável. As crianças às vezes elegem um tipo de roupa — por exemplo, *jeans* com camiseta, ou calças largas e caídas, que deixam a barriga à mostra — e recusam-se a usar algo diferente. Isso não combina bem com aqueles pais que compram um armário repleto das roupas que gostariam que seus filhos vestissem. Algumas crianças simplesmente não querem se vestir de maneira adequada — há os desleixados convictos, que preferem morrer a vestir roupas bonitas para visitar a vovó aos domingos, e há as superfemininas, que insistem em usar roupas cheias de babados e fitinhas... no parquinho. E ainda existe o mais comum de todos os rebeldes do vestuário: aquele que se recusa a usar um casaco quente em dias de pleno inverno. Logicamente, essas guerras do vestuário ocorrem nos piores momentos: quando estão atrasados para a escola ou quando a família tem um compromisso importante.

Por que acontece

A escolha de roupas é algo muito pessoal. É natural que as pessoas (sim, os de três anos são pessoas também) queiram manifestar sua individualidade ou sua afinidade com determinado grupo social por meio de suas roupas. Defender um estilo de roupa é exercer algum controle sobre a própria vida. Além disso, a maioria das crianças, principalmente os meninos, detesta ser vestida por terceiros. São muito ativas para gostar de roupas que apertam, e se ressentem em usar algo que remotamente possa ser considerado ridículo.

Sua reação

É praticamente impossível para os pais deixar de dizer aos filhos o que devem vestir. Tentar obrigar as crianças a vestir o que você quer é tarefa ingrata — tão irresistível quanto infrutífera.

Sua estratégia

O que vestir deve ser deixado por conta da criança. Se você considerar imprópria a escolha, deixe que ela sinta os resultados. Acima de tudo, ofereça-lhe a possibilidade de escolha.

O que tentar primeiro

Forneça a seu filho as informações que considerar necessárias e depois saia do caminho. Crianças de sete ou oito anos podem fazer suas próprias escolhas. Sua função é ensinar como fazer *boas escolhas*. Envolva seu filho "rebelde" em discussões sobre o que vestir. Pergunte a ele o que pensa em vestir quando a temperatura estiver muito baixa. Se ele vê você se vestindo, diga algo como: "Pois é, certamente vai fazer frio hoje. Melhor vestir minha malha". Isso lhe dá uma sugestão, e não uma ordem.

Medidas práticas

✓ Ensine seu filho a verificar um termômetro ou a consultar uma previsão do tempo no jornal. Explique o que pode acontecer se ele vestir camiseta e bermudas sob um temporal. Depois espere que sofra as conseqüências — não demasiadamente prejudiciais, mas suficientes para fazê-lo confiar mais em você (e no termômetro) no futuro. Inicie o "treinamento" quando a temperatura começa a cair, antes de o tempo ficar ruim demais. Você pode orientá-lo colocando em seu armário apenas roupas para a estação.

✓ Quando comprar roupas com seu filho, ensine-o como combinar diferentes peças.

✓ Para criança de pele sensível, verifique se não há detalhes que arranham ou irritam na roupa que pretende comprar.

✓ A descontração é uma característica das atuais tendências de moda. Contudo, se você considera indispensável que seu filho se vista em conformidade com a ocasião e ele se recusa a isso, é possível dar um jeito na rebeldia dele. Quando tiver um compromisso formal, contrate uma babá para o período em que a família estiver fora. Seu filho não gostará de ficar em casa enquanto a família se diverte. O lado positivo dessa atitude é levar seu filho a aprender que na vida social existem regras com as quais ele tem de se conformar.

DICA. Muitas vezes a intransigência no vestir é apenas uma fase. Provavelmente, não vai durar muito, a menos que você crie um caso em torno do fato.

O que fazer

✓ Você pode exercer grande influência sobre o modo de se vestir de seu filho, desde que adote uma abordagem sutil. Por exemplo, leve-o com você quando sair para comprar roupas. De maneira gentil, estimule-o a experimentar diferentes combinações de peças e cores.

✓ Tenha um estoque de agasalhos esportivos se isso for tudo o que a criança deseja usar, e esqueça os vestidos e os *jeans* por um tempo.

✓ Torne seu filho responsável pela lavagem daquela peça de roupa que *ele* deseja usar. Se a relação dele com a higiene pessoal for um pouco desleixada, mostre-lhe como isso pode afetar a sua vida social.

O que não fazer

✗ Não entre em disputas pelo poder por causa de roupas. É uma batalha que você não pode ganhar e, na maioria dos casos, nem mesmo é uma luta.

✗ Não deixe que as pessoas se excedam em elogios ("Oh! Ela não está uma graça?!"), se não deseja ver sua filha fixar-se em roupas cheias de babados.

✗ Não imponha seu estilo de vestir a seu filho. Entenda que ele sabe mais que você o que está na moda entre a garotada. Como você se sentiria se seus filhos o fizessem ir trabalhar vestido de Mickey?

A criança pequena

É óbvio que você tem de dar alguma orientação de vestuário a uma criança de dois ou três anos. Nesse caso, o jeito é oferecer escolhas, para que ela sinta ter algum controle sobre sua vida. Mostre-lhe alguns conjuntos, dois ou três no máximo — não muitos, para que não fique atordoada, mas em número suficiente para sentir que pode escolher sozinha. Não tente fazer seus filhos parecerem impecáveis o tempo todo, como manequins. E não transforme a vida deles em uma grande entrevista de negócios. Se as crianças querem correr pela casa em roupa de banho e com uma saia de bailarina, por que não? Quando seu pimpolho orgulhosamente se veste com uma combinação hilariante de faixas e xales, calças e bermudas — a maioria pelo avesso —, cumprimente-o pela iniciativa e estimule-o a contar para todo mundo que ele já está aprendendo a escolher as roupas.

Com crianças maiores que não querem usar roupas suficientemente quentes, deixe que sintam frio ou que se molhem — repetindo, não o suficiente para que se resfriem, mas o bastante para que aprendam a lição.

19
Quarto bagunçado

Cuidado, zona de perigo!

O comportamento

É impressionante ver o que pode ser feito apenas com alguns caroços de maçã, as roupas sujas da semana e uma caixa aberta de peças de montar. Uma minúscula porcentagem de crianças é ordeira por natureza; a imensa maioria vê o chão de seu quarto como um depósito imenso para tudo o que possuem.

Por que acontece

Ao contrário das pessoas compulsivamente ordeiras, que têm verdadeiro horror à bagunça, algumas encontram certa forma de paz, e até de prazer, em um quarto em desordem. Afinal, grandes projetos são idealizados em mesas incrivelmente confusas.

Sua reação

Para muitos pais, um quarto em desordem é um sinal assustador. Têm medo que seus filhos tornem-se adultos desorganizados ou desestimulados, que não consigam encontrar as próprias meias ou que abandonem um trabalho após o outro. Outros entendem a bagunça como falta de respeito, sentem-se ofendidos só em vê-la: "Ele está vivendo em um quarto na *minha* casa e tem de seguir os *meus* padrões".

Qualquer que seja o motivo, saber que existe uma montanha de artigos diversos bem no meio do quarto dos filhos é mais do que alguns pais conseguem suportar. Mas lutar contra isso pode ser pior do que a própria desordem.

Sua estratégia

Você goste ou não, o quarto é das crianças. Se você não consegue nem olhar para a bagunça, faça-as manter a porta fechada.

O que tentar primeiro

Recuse-se a entrar no quarto bagunçado. Avise às crianças que, enquanto a bagunça permanecer, você nem sequer entrará ali e não se preocupará em encontrar um atalho para a cama. Elas sabem o que isso significa: sem histórias na hora de dormir e sem beijo de boa-noite. Isso é cruel, porém eficiente. E não é

comando, pois você está dizendo o que você vai fazer, e não o que *eles* devem fazer.

Medidas práticas

✓ Impressione seus filhos pelo exemplo. Se você fizer um estardalhaço pela bagunça do quarto deles, é bom se preparar para apresentar seu próprio quarto tão impecável quanto um alojamento de quartel.

✓ Se a desordem estiver mesmo imensa, pergunte se querem alguma ajuda. Mas, se decidir ajudá-los, evite as frases padronizadas que saltam dos lábios de todos os pais: "Como vocês conseguem viver assim? Parece que um ciclone passou por esse quarto!". Se você tiver de fazer um comentário, pelo menos pense em algo original.

✓ Tenha certeza de que existem suficientes estantes, caixotes e prateleiras no quarto de seus filhos. Você não pode exigir ordem extrema quando não oferece às crianças condições físicas mínimas de organização.

✓ Disponha a cama de modo que seja arrumada com facilidade. Compre acolchoados que possam ser simplesmente jogados por cima da cama, em lugar de colchas de difícil arranjo.

✓ Alguns pais não deixam os filhos levar amigos para o quarto que está em desordem. Isso é um erro. As crianças geralmente valorizam o que seus companheiros pensam: se um amigo lhes diz que o quarto parece um chiqueiro, a mensagem tem força dez vezes maior que a mais criativa advertência feita pelos pais.

✓ Se todas as iniciativas falharem, você pode insistir para que mantenham a porta fechada. Isso lhes ensinará que seus atos afetam outras pessoas. Caso você não tolere até mesmo a idéia da bagunça, admita que o problema é realmente seu.

PONTO-CHAVE. Encare o problema dessa maneira: perder os *jeans* favoritos em uma montanha imensa de roupas ou o *hamster* de estimação no caos debaixo da cama é um ótimo modo de vivenciar as conseqüências de ser desordeiro. Se você ficar o tempo todo lembrando seus filhos de arrumar a bagunça, irá livrá-los da responsabilidade.

Crianças com menos de cinco anos

Crianças muito novas podem se sentir oprimidas pela obrigatoriedade de arrumar um quarto em desordem. Para familiarizá-las com a idéia, mostre-lhes as *vantagens* de um quarto em ordem. Transforme a arrumação em parte da rotina diária, para que as coisas não fujam do controle.

Sua atitude básica deve ser: "Este é *seu espaço*. Se você quer que o ajude a arrumá-lo, terei prazer nisso. Se você não quer, a escolha é sua" (veja o Capítulo 20, a respeito de desordem doméstica).

20
A casa toda em desordem

"E no princípio era o caos..."
O comportamento

Algumas crianças andam pela casa deixando atrás de si um rastro indistinto de meias, pratos sujos, migalhas de pão, roupas, cascas de banana e montanhas de lição de casa. Geram o caos por onde passam. Em seu quarto, parece que houve um bombardeio. Elas besuntam os cadernos com manteiga, espalham seus brinquedos pelos quatro ventos, deixam pegadas de lama, soltam o cachorro da coleira e conseguem pôr em desordem uma sala limpa simplesmente passando por ela. Em poucas palavras: são a desordem em forma de gente.

Por que acontece

Pode ser que seu filho seja um desordeiro por represália: ele sabe que isso leva você à loucura e quer deixá-lo(a) com raiva por algum motivo. Mas é mais provável que você nunca lhe tenha ensinado a ser ordeiro ou que você o tenha repreendido tanto, que agora ele está "surdo".

Sua reação

Pais que têm de conviver com essas despreocupadas criaturas sentem-se aviltados pela falta de respeito ao espaço familiar. Tentar deixar a casa apresentável é uma empreitada sem retorno, quase impossível. Não dá prazer limpar a casa todos os dias para simplesmente ver o local em ruínas minutos depois. Na ausência de um serviço profissional de hotelaria, parece não haver solução para essa desordem.

Sua estratégia

Faça toda a família concordar com algumas regras emergenciais a respeito da conservação da casa. Se não respeitarem essas regras, eles deverão enfrentar as conseqüências.

O que tentar primeiro

Esse é um típico problema para ser resolvido nas reuniões de família: faça a desordem da casa ser o primeiro item da próxima reunião. Lembre: estabelecer regras e rotinas somente é eficaz quando você consegue fazer as crianças concordarem com elas.

Aborde aspecto por aspecto. Digamos que você esteja aborrecido(a) com as migalhas de bolacha e os caroços de maçã espalhados pela sala de estar. Em vez de perder a paciência e gritar pelo vão da escada "O próximo que comer na sala considere-se morto!", convoque uma reunião e aponte o problema. Depois peça sugestões. Se ninguém tiver uma a dar, calmamente proponha uma regra que *proíba* comer na sala de estar. Se puserem obstáculo à idéia, pergunte se querem, pelo menos, tentar colocá-la em prática durante uma semana. Esclareça às crianças que uma regra pode sempre ser modificada na próxima reunião, o que facilita conviver experimentalmente com uma proposta.

Lembretes

Uma vez que as crianças concordem com as normas estabelecidas na reunião de família, você tem de lembrá-las de que concordaram, e a maneira pela qual faz isso é crucial. É importante tirá-las do desânimo e colocá-las na rotina sem transformar o processo em luta pelo poder.

No início, é importante manter-se atento, lembrando-as da norma cada vez que se esquecerem de colocar o prato na pia ou de pendurar a toalha de banho para secar. O melhor jeito de atuar é sem doutrinação ou discursos exacerbados — não se exceda no "pátrio poder". Durante a reunião de família, estimule-as a sugerir meios pelos quais possam ser lembradas. E sempre tente usar a *regra de uma palavra só*: se esquecem de pendurar a toalha, diga apenas "toalha" — e assim se mantém o fator de atrito reduzido ao mínimo.

Medidas práticas

Ajude seus filhos a serem organizados. Às vezes, as crianças possuem objetos em demasia, o que as confunde. Você pode ajudar separando periodicamente os brinquedos fora de uso. Em seguida, passe por todos os cômodos da casa e verifique o que está fora do lugar. Ao mesmo tempo, certifique-se de que existe um lugar, acessível às crianças, para guardar cada coisa. Por exemplo, se encontrar uma toalha de rosto na banheira, verifique se há um gancho apropriado para ela. Aqui estão algumas sugestões:

✓ Instale (na altura das crianças) ganchos especiais para pendurar mochilas e bonés.

✓ Providencie diferentes caixas e prateleiras para brinquedos de tamanhos diversos: uma para bonecas, uma para objetos grandes, uma para fantasias etc.

✓ Posicione a prateleira de roupas diárias em uma altura acessível.

✓ Para crianças menores, use caixas em vez de prateleiras, para facilitar que guardem suas roupas sozinhas. Pinte as caixas com figuras das roupas que devem ser colocadas ali.

PONTO-CHAVE. É importante incluir as crianças na solução do problema, e não simplesmente impor idéias a elas. Olhe para seus filhos como sócios, e trate-os como tais. Mantenha a discussão em clima amistoso.

Conseqüências

A quebra de todos os acordos é a conseqüência lógica da não-observância de novas regras. As conseqüências também devem ser endossadas por todos na reunião de família; caso contrário, as crianças irão se sentir injustiçadas. Coloque isso em pauta depois de um dia de particular desordem: "Ninguém lavou seu prato depois do jantar. O que faremos?".

As conseqüências devem ser lógicas, têm de fazer sentido para se diferenciar do castigo. Por exemplo:

- Se deixam seus brinquedos espalhados, junte-os em uma caixa bem grande. Reencontrar os brinquedos prediletos pode ser uma tarefa árdua (e quanto maior a caixa, maior a dificuldade). Se a desordem persistir, não poderão ter de volta os brinquedos confiscados até arrumarem tudo.
- Se não guardam sua bicicleta à noite, ela pode ser roubada. Não permita que andem de bicicleta até que aprendam a ser mais responsáveis.
- Se não querem arrumar o quarto, têm de manter a porta fechada. E, como você se aborrece com desordem, não estará em condições de ler uma história na hora de dormir ou de recolher a roupa suja (veja o Capítulo 19, sobre desordem no quarto).

Encarando o medo e a timidez

21
Medos fantasiosos

O monstro que mora debaixo da cama

O comportamento

Sim, existe um monstro que vive debaixo da cama de cada criança. Os adultos não acreditam, mas as crianças sabem que é verdade. Uma imaginação fértil pode impedir que uma criança normal e bem ajustada durma à noite ou pode desencadear uma suadeira no meio da madrugada. Durante o dia, o excesso de imaginação pode fazer uma criança se agarrar às pernas dos pais ou correr assustada ao ver o bom e velho tio Oscar.

Por que acontece

Medos fantasiosos são o preço por uma imaginação muito ativa. Eles podem transformar uma sombra na parede em algo suficientemente horripilante para coagular o sangue de Drácula. Outra razão para esses medos é a compreensível restrição de seu conhecimento do mundo: para crianças muito novas, tudo o que imaginam *pode* ser real. O latido de um cachorro pode ser associado simplesmente a um animal barulhento, mas também pode despertar a imagem de um devorador faminto, com predileção por crianças de três anos. Um estranho pode ser um anjo ou um zumbi que acaba de levantar da tumba. Como pode a criança distinguir a fantasia da realidade? É preciso ter claro que medo nem sempre é algo ruim; afinal de contas, é salutar o medo de ser atropelado por um caminhão de lixo, pois ensina cautela à criança. Mas muitos medos infantis são determinados pela fantasia. É surpreendente, de fato, como seu filho pode ficar tão atemorizado com as figuras esboçadas por sua imaginação.

Sua reação

Dependendo das circunstâncias, fica aborrecido(a) ou penalizado(a).

Sua estratégia

Quanto menos alarde você fizer a respeito, mais rapidamente os temores de seu filho passarão. Mas entenda que, para ele, o medo é real. Acima de tudo, transmita-lhe calma, para que aprenda que o objeto de seu medo, na verdade, não é perigoso.

O que tentar primeiro

Quando seu filho demonstra temores desse tipo, o mais importante é reagir sem exageros. Seja realista. Tranqüilize-o. Não menospreze seu medo dizendo coisas como "pare de se comportar como um bebê". Ele não é um bebezinho, está apenas agindo como criança, o que na realidade é. Para ele, o monstro da lagoa negra existe.

Faça seu filho encontrar uma solução estimulando-o com frases como: "A vida está cheia de pequenos problemas, e este é justamente um deles. Vamos pensar em como resolvê-lo". A partir de então, ele saberá que não está só na empreitada. Induza-o a encontrar alguma solução e coloque-a em prática, desde que tenha um mínimo de realismo. Você pode orientá-lo na direção correta: "Se você desconfia que existe um monstro no armário, podemos fazer algo com a porta do armário, para resolver a situação? Deixá-la aberta, para ver o que tem dentro do armário? Acho uma boa idéia".

Expondo suas idéias, as crianças aprendem que sempre existe uma solução e que, no mínimo, conseguem ter algum controle sobre sua vida e sobre seus medos.

Medidas práticas

✓ Se seu filho se sentir mais tranqüilo para dormir com a luz de uma lâmpada fraca, providencie isso. Ou proponha você mesmo a solução. Avise que você estará por perto no caso de algum tentáculo monstruoso sair rastejando de sob a cama. Mas fique de prontidão: se seu filho perceber que consegue alguma atenção com o medo, chamará você de cinco em cinco minutos.

✓ Se seu filho quiser evitar uma situação aflitiva qualquer — como atravessar a rua para fugir de um cachorro que sempre late quando ele passa —, deixe que o faça. Lógico, você também pode encorajá-lo a passar perto do cachorro quando estiver com amigos ou quando estiver com seu próprio cachorro para protegê-lo. A única advertência é para você não permitir que o medo da criança tome conta da família ou obrigue todos a comportamentos extraordinários.

PONTO-CHAVE. A maioria dos medos infantis são manifestações normais e temporárias. Podem ser de intensidade exagerada durante o curto tempo de sua duração, mas normalmente desaparecem logo. Por outro lado, se os medos começam a tomar conta da vida da criança, você pode precisar de ajuda profissional.

O que fazer

✓ Seja cuidadoso(a) com o que seu filho assiste na tevê. Ele talvez tenha dificuldade para lidar com filmes de terror... Você não precisa protegê-lo de todas as figuras ameaçadoras; apenas use a cabeça e selecione os programas adequados. Assista a filmes com ele. Tente explicar-lhe como os efeitos especiais são filmados e que eles, na realidade, não existem. Sugira que imagine as luzes e o diretor de câmara — ele perceberá que a tevê é uma *fantasia* e que a vida é *realidade*.

✓ Seja discreto ao conversar com seu cônjuge durante o café da manhã, especialmente sobre as notícias do jornal. Crianças captam mais do que você pensa. Evite falar sobre o último massacre ou sobre outros crimes chocantes; seu filho pode reagir com a imaginação aguçada e engendrar medos obsessivos.

O que não fazer

✗ Não enfatize demais o aspecto suspeito de algumas pessoas enquanto caminha com seu filho pela rua.

✗ Não o faça enfrentar situações que o atemorizam. A tentativa de superar o medo pode falhar. Tudo bem em colocar seu filho em contato com um filhote bonitinho para que ele vença o medo de cachorros grandes, mas, se ele não quiser olhar para cobras, não o obrigue a enfrentar isso.

22
O medo de errar

"Não posso... Não posso... Vou cair..."

O comportamento

Uma coisa é ter um filho que gosta de proezas perigosas, como pular de telhados e muros. Outra é ter um filho que se recusa, pelo medo de falhar, a brincar em um escorregador de pouco mais de um metro. Algumas crianças não querem tentar nada novo. Podem ficar paradas à beira de uma piscina durante horas, com medo de pular na água, ou se recusar a participar de um jogo desconhecido porque têm medo de perder. Tudo assusta — desde aprender a escrever até a andar de bicicleta — pelo perigo ou pela nítida possibilidade de errar. Elas desistem na primeira vez em que algo não dá certo — e *sempre* alguma coisa não dá certo. Quando isso acontece, geralmente ficam envergonhadas. Não se divertem muito e não são muito agradáveis.

Por que acontece

Simplesmente porque essas crianças se comparam ininterruptamente a outras e se sentem incompetentes diante delas, por falta de reforço positivo. Querem ficar sozinhas, achando que assim "nenhum risco" e "nenhum erro" podem ocorrer. Mas aprendem também que, se você "não pode" fazer alguma coisa, alguém terá de fazer por você.

Algumas crianças não tentam apenas porque não suportam o segundo lugar. São muito rígidas consigo mesmas e muito preocupadas com o que os outros pensam delas. O superperfeccionista tem de conseguir as coisas logo da primeira vez, não entendendo que a perfeição vem com o tempo.

Sua reação

Saber que o filho se enxerga como uma criança imperfeita faz você se sentir incompetente. E, quando a criança não quer nem mesmo tentar algo que você a julga capaz de fazer, sobrevém o desapontamento. É difícil ver o próprio filho amuado na praia enquanto outras crianças brincam felizes nas ondas. Como você poderá trazê-lo para a correnteza da vida?

Sua estratégia

Tenha paciência. Faça um grande estardalhaço em torno dos esforços que seu filho empreende em relação a si mesmo. Transmita-lhe a coragem de ser imperfeito.

O que tentar primeiro

Alimente a confiança de seu filho providenciando muito treinamento antes da tentativa real. No que se refere a esportes, treine-o primeiro rolando a bola para depois ensaiar as jogadas. Seja muito animador(a), mesmo que ele só *tente* pegar a bola. Comece por atividades que não sejam difíceis demais. Por exemplo, para crianças, nadar é mais fácil que jogar tênis. Jogos em equipe, nos quais ninguém pode ser isoladamente acusado pela derrota — como cabo-de-guerra —, são também tentativas válidas. Aumente suas expectativas passo a passo.

Medidas práticas

✓ Baseie seus comentários nos esforços que seu filho está fazendo, não na qualidade dos resultados. Se ele está começando a escrever, comente "a maravilhosa letra B que escreveu", ignorando a ilegível letra S. Se você o corrigir demais, ele entenderá isso como prova de sua incompetência.

PONTO-CHAVE. Mesmo que a tendência dessa criança seja a de evitar situações, tente mantê-la motivada. E isso exige muito estímulo.

O que fazer

✓ Estimule seu filho a tentar, mesmo quando falha nas primeiras experiências. Enfatize o divertimento do processo, mais que o do desempenho, com comentários animadores:
- "Não desista".

- "Ainda que você pense que jamais conseguirá, eu sei que vai conseguir e não vou deixar de apoiá-lo".
- "Você realmente progrediu muito. Na semana passada, não conseguia fazer isso. Agora pode".
- E o velho e bom apoio: "Bela tentativa!".

✓ Ajude seu filho a diminuir as expectativas com a lembrança (em tom amistoso de aceitação) de que "Ninguém é perfeito..." ou "Qualquer um comete erros...".

O que não fazer

✗ Não lance seu filho em situações difíceis. Algumas crianças de quatro anos realmente são muito novas para aulas de piano — para elas, mesmo tocar o dó-ré-mi-fá pode ser demais.

✗ Não compare seu filho com outras crianças. Não dê tanta importância à classificação dele na escola. Para um perfeccionista, mesmo ser o número dois pode ser desastroso.

✗ Não seja excessivamente crítico(a). Esta é uma boa regra em relação a todas as crianças, mas especialmente àquelas retraídas. Mantenha o clima leve evitando observações do tipo:

- "Você não está se empenhando tanto quanto poderia".
- "Você poderia fazer melhor".
- "Sua irmã de três anos pode fazer melhor do que você".

23
O tímido

O escudo da passividade

O comportamento

Alguns de nós têm a dolorosa lembrança de ter sido socialmente desajustado quando criança. Por isso, corta o coração ver crianças sós, mirando o chão, enquanto uma animada festa de aniversário está acontecendo em sua volta. Crianças tímidas têm dificuldade para fazer amigos. Como, na vida, sociabilidade é essencial, crianças incapazes de "jogar o jogo" deixam todos pouco à vontade. Quando você apresenta seu filho tímido a estranhos, estes têm de procurar entre suas pernas para poder enxergá-lo.

"Ele só é um pouco tímido", você se desculpa.

Eles anuem e sorriem, mas no íntimo você sabe que estão pensando: "Aí está uma criança que vai ficar em casa com um bom livro nas noites de baile".

Por que acontece

Crianças tímidas se comparam constantemente a outras e ficam em pânico mortal ao cometer um erro (soa familiar?). Sua timidez pode ser intensificada se têm um irmão que é um sucesso social, com o qual sentem não conseguir competir. Pesquisas recentes mostram que alguns tipos de timidez podem ser genéticos.

Sua reação

Você tenta sociabilizar seu filho, mas tudo o que consegue é fazer com que ele se feche ainda mais em seu casulo. Como você pode transformar um botão em uma rosa esplendorosa?

Sua estratégia

Vai depender de seu filho envolver-se ou não socialmente. Mas você pode ajudar, incrementando sua autoconfiança e estimulando-o a ser mais positivo.

O que tentar primeiro

Quando seu filho recomeça a velha rotina do "esconde-esconde atrás de pernas", ignore-o. Não o adule nem tente persuadi-lo fisicamente. Deixe que se movimente em seu ritmo. Apresente-o normalmente e, se ele não responder, mude de assunto. Se a outra pessoa diz algo como "Oh, ele é tímido, é?", responda: "Não, ele não é tímido. Ele irá falar assim que estiver pronto".

Você faz isso por duas razões: uma é que, se diz a seu filho que ele é tímido, atribui-lhe um rótulo negativo, o que tende a reforçar a timidez; a outra razão é que algumas crianças são naturalmente menos extrovertidas que outras, o que, até certo grau, é normal.

Medidas práticas

Interessante, timidez pode ser uma estratégia esperta para chamar a atenção. O tímido se manifesta tão intensamente quanto o barulhento ou o agressivo. Em outras palavras, é difícil ignorar alguém que está ignorando você. Apesar de não ter consciência dessa meta, a criança tímida pode surpreender com um protesto veemente quando você tenta tirá-la do casulo: "Você não pode me obrigar a responder!". E vai apreciar a atenção que sua timidez atrai sobre ela.

O que fazer

- ✓ Dê a seu filho dicas de como ser sociável. Faça jogos de dramatização para que ele aprenda como quebrar o gelo de outras crianças. Fazendo de conta que não conhece seu filho, chegue perto dele e pergunte: "Você quer brincar? Poderíamos nos revezar empurrando o balanço".

- ✓ Mostre a ele como entrar em um grupo desconhecido quando deseja brincar com outras crianças. Em geral, tudo de que ele precisa é integrar-se lentamente ao jogo, em seu próprio ritmo. Mas você tem de fazer seu filho *acreditar* que isso funciona.

- ✓ Fortaleça-o reativando suas forças. Para crianças tímidas, falta a coragem de enfrentar a rejeição. Se seu filho tem muito senso de humor ou é bom em esportes, comente a respeito. Chame a atenção dele para a afinidade manifestada por outras crianças: "O Danilo gosta muito de você, não acha?". Crianças tímidas geralmente são muito sensíveis à expressão alheia.

✓ Deixe seu filho aprender com você. Ele provavelmente é muito observador; permita observar você interagindo socialmente.

O que não fazer

✗ Não insista com seu filho para fazer o que não deseja: "Diga olá ao tio Vicente". Essa é uma ordem embaraçosa — e aborrecida — de cumprir. Além do mais, uma criança de cinco anos sabe como dizer olá sem ser comandada. Ela vai mudar de atitude quando ficar mais velha.

✗ Não deixe que seu filho se retraia. Garanta que ele adquira desenvoltura social pela convivência com grupos: matricule-o em creches, grupos de escoteiros mirins e clubes de lazer. Quanto mais praticar, melhor será seu desempenho social.

CUIDADO! Não exagere no investimento social! Essas crianças gostam e precisam de tempo para si mesmas.

✗ Não force seu filho a ser amigo de todos. Com freqüência, para uma criança tímida, um único amigo íntimo basta.

Aprendendo a ser responsável

24
O distraído

"Alguém viu minha cabeça por aí?"

O comportamento

Se você vive falando para seu filho que ele só não perde a cabeça porque está grudada no pescoço, você tem um problema. Ele esquece a merenda, aí você tem de levá-la para ele... Ele esquece a caixa de lápis em algum lugar, e você tem de comprar outra... Ele esquece a lição de casa, e você responde ao bilhetinho da professora...

Por que acontece

Esquecimento é sinal de irresponsabilidade — afinal de contas, é bem provável que seu filho se lembre de festas ou do horário de seu programa de tevê preferido. Se seu filho está esquecendo demais, você provavelmente está lembrando demais. E crianças não têm visão de futuro, estão tão envolvidas pelo presente, que não conseguem imaginar que poderão passar frio ou fome daqui a duas horas.

Sua reação

Você corre atrás de seu filho o tempo todo com lembretes como "Não esqueça isto!", "Pegue sua mochila!", "Olhe aqui seu boné!". É tão estressante, que você esquece do que *não* deve lembrar a ele!

Sua estratégia

Faça seu filho se lembrar das responsabilidades que cabem a ele. Facilite isso criando rotinas e dando-lhe a oportunidade de perceber as vantagens da responsabilidade.

O que tentar primeiro

A melhor maneira de reforçar a memória de seu filho é criar rotinas (como aquelas que tornam *sua* vida suportável), porque assim é possível confiar mais no hábito que na memória.

Medidas práticas

✓ Faça uma reunião de família e proponha: já que alguns estão esquecendo tantas coisas importantes, a família toda tente encontrar meios para ajudar. Deixe cada um usar a criatividade nas táticas de lembrança para dar comida ao gato ou levar o lixo para fora. Selecione as melhores idéias.

✓ Afixe, em local visível a todos, uma lista de tarefas que devem ser executadas em horários críticos: antes de dormir, antes da escola, preparação para o dia seguinte, e assim por diante. Deixe que as crianças sigam a lista sem que você precise zanzar a sua volta.

✓ Pergunte, não ordene. Por exemplo, enquanto estão se vestindo para ir à escola, pergunte: "O que mais é preciso?". Se dizem "preciso de merenda", balance a cabeça concordando. Isso leva a criança a pensar e evita lutas pelo poder. Se um deles está saindo sem agasalho, diga-lhe que está muito frio lá fora, mas deixe que ele decida. Se esquecem de guardar o leite, displicentemente faça uma observação como: "Esqueceram de fazer alguma coisa?". Ou estimule a lembrança de maneira indireta, dizendo em voz alta o que *você* tem de lembrar: "Está chovendo hoje, é melhor levar meu guarda-chuva".

✓ Por todos os meios, ensine seus filhos a se lembrarem de tudo, mas não seja muito rápido(a) em lembrá-los no momento em que esquecem. Deixe que percebam os inconvenientes do esquecimento. Se esquecem a merenda, vão ficar com fome. Se esquecem o calção de ginástica, não poderão participar da aula de educação física. Se não recolocam o telefone sem fio no lugar, não poderão usá-lo até que a bateria recarregue. Aos oito, nove anos, as crianças devem ser capazes de cuidar da maioria dos assuntos cotidianos, mas alguns pais impedem tal autonomia.

PONTO-CHAVE. Não acostume mal seus filhos. Pais superprotetores tentam evitar todo e qualquer desconforto a seus rebentos; o resultado são filhos esquecidos, que nunca *têm de* se lembrar de nada.

25
Os perdulários

"São apenas alguns trocados..."

O comportamento

Para crianças, dinheiro é como mágica: simplesmente aparece! Não entendem de onde vem nem têm a iniciativa de poupá-lo. Todos que já viram uma criança esbanjar sua mesada em um minuto com jujubas e chicletes conhecem bem o fenômeno.

Por que acontece

As crianças fazem mau uso do dinheiro porque ainda não aprenderam a lidar com ele. Cabe aos pais fazê-las compreender o verdadeiro valor do dinheiro e entender que não é algo que o Banco da Mamãe e do Papai generosamente oferte de tempos em tempos. Mas por que elas devem poupar, se sabem que os pais comprarão tudo o que desejarem? Se você não consegue dizer que não pode comprar determinada coisa, seus filhos pensam poder exigir tudo de você: "Use seu cartão de crédito, mamãe!".

Sua reação

Em geral, você está ocupado(a) demais na tentativa de equilibrar o orçamento da casa para perceber a falta de economia de seus filhos. Mas você tem de se preocupar com isso. É certo pagar a eles por tarefas feitas? O que fazer se não querem ajudar de maneira alguma até que você os remunere? Legalmente, antes dos catorze anos, eles não podem nem mesmo tomar conta de crianças. Como irão aprender sobre um dos aspectos mais importantes da vida adulta?

Sua estratégia

Dê a seus filhos uma mesada que possa ser dividida em dinheiro para diversões e em fundo para itens que não os beneficiem diretamente, como presentes e poupança.

O que tentar primeiro

Dar às crianças um quinhão regular é o contrário de mimá-las em excesso, de dar a elas tudo o que querem, no momento em que querem. Você deve iniciar a prática da mesada assim que começam a pedir coisas em lojas (com três ou quatro anos). Pode ensiná-las a poupar aos oito ou nove anos; não tente antes, porque crianças com idade inferior a essa vivem no presente, com pouca percepção de futuro.

Medidas práticas

✓ A mesada pode ser assim dividida: do total, 50% para aquisições especiais (brinquedos, presentes), 25% para a poupança bancária e 25% para gasto livre.

✓ A parte do capital livre pode ser calculada com base naquilo que você gasta semanalmente para agrados: estoque de doces para as crianças pequenas ou uma ida ao cinema e uma revista para as maiores. Mas o controle fica por conta deles. Se esbanjarem essa quantia toda, aprendem a mesma lição aprendida por qualquer um que já teve seu cartão de crédito cortado: uma vez que o dinheiro se foi, você tem de se virar sem ele.

✓ Se quiserem algo grande e caro, não se sacrifique para comprá-lo. Faça-os poupar para isso, assim aprenderão como fazer escolhas: um punhado de jujubas agora ou o coelho de chocolate tamanho gigante no mês que vem. Deixe que cometam erros. Aconselhe: "Não acho que este brinquedo seja bem-feito". Se insistirem em comprá-lo e o brinquedo quebrar, não diga: "Eu bem que avisei...". Permita que aprendam por si mesmos.

✓ Estimule-os a poupar para comprar presentes para os outros. Isso lhes ensinará a alegria de ofertar.

✓ Quando estão em torno dos doze anos, você pode dar-lhes um orçamento para roupas. Calcule quanto você gastaria normalmente com o vestuário deles e pense na viabilidade de parcelas diferenciadas conforme a estação do ano.

O que fazer

✓ Use a mesada para restituições em caso de dano proposital, como a quebra do brinquedo do irmão motivada por vingança ou provocação. Por que os outros precisam sofrer com os destemperos de alguns? Mande a conta para o responsável. Se a conta do dentista subir por falta de escovação dos dentes, faça-os pagarem uma parte.

✓ Abra uma conta bancária para eles.

✓ Determine, antes de sair, o que vai comprar e avise as crianças. Você não quer que eles lhe vejam fazendo um bocado de compras impetuosas, não é? Se você saiu para comprar apenas o essencial, não deixe que o(a) convençam a comprar guloseimas ou brinquedos.

✓ Ensine-lhes o valor do dinheiro: "Com a mesma quantia, você pode comprar a caixa de madeira, que é durável, ou aquela de papel, que é frágil. O que prefere?".

O que não fazer

✗ Não utilize a mesada para manipular o comportamento de seus filhos. Mais tarde, na vida adulta, serão suficientemente manipulados pelo dinheiro.

✗ Não dê sermões nem aponte o erro quando fizerem uma compra estúpida ou trocarem uma boneca Barbie por um sapo morto. Deixe a descoberta por conta deles.

Orientando a ambição

É uma boa idéia estimular os filhos a ganhar o próprio dinheiro quando estão crescidos o bastante para ter um lava-a-jato portátil. Mas não é aconselhável incentivá-los a fazer biscates na vizinhança com esses aparelhos. Devem colaborar em benefício da família, e não investir todo seu tempo na obtenção de vantagens pessoais. Se você estimular essa atitude, não irão querer lavar o carro ou a louça sem remuneração. Por acaso alguém paga a você por lhes preparar a comida ou lavar a roupa?

26
Os indolentes

"Ah... Poxa... Não é tarefa minha!"

O comportamento

Você gasta seu tempo limpando, cozinhando e fazendo um queijo-quente atrás de outro, enquanto seus filhos gastam o tempo em "exaustivas" partidas de futebol. Pedidos de ajuda encontram faces sofredoras e desculpas esfarrapadas: ou estão no meio de seu programa de tevê favorito, ou não é *serviço deles*, ou simplesmente não estão inspirados para trabalhar...

Por que acontece

Muitas crianças têm tudo feito por pais superprotetores. Hoje, quando é comum pai e mãe trabalharem fora de casa, é mais do que justo todos executarem as tarefas domésticas. Se seus filhos não ajudam, é porque não foram estimulados para isso.

Sua reação

Você oscila entre sentir-se um(a) escravo(a) e uma guardiã de presídio. Por que seus filhos não conseguem compreender que o trabalho doméstico deve ser feito por todos? Como você pode fazê-los assumir sua parte?

Sua estratégia

Mesmo sendo mais fácil você mesmo(a) fazer as coisas, estimule as crianças a ajudar desde muito cedo (no início de seu segundo ano de vida). Para crianças mais velhas, apresente motivações lógicas.

O que tentar primeiro

Seus filhos têm de entender que ajudar nas tarefas domésticas é um privilégio, não um castigo. Acredite ou não, as crianças realmente gostam de participar, de sentirem-se úteis e importantes. Pai e mãe devem aproveitar essa tendência maravilhosa canalizando-a para a participação ativa, antes que as tarefas se tornem motivo de brigas. É bom começar assim que as crianças demonstrarem interesse em ajudar.

Se você está convencido(a) de que seus filhos não estão preparados para ajudar, visite uma fazenda e veja o que muitas crianças pequenas são capazes de fazer.

DICA. É aconselhável o pai deixar bem definida a sua participação, para não se formar a imagem de que o desempenho das tarefas domésticas cabe exclusivamente às mulheres.

Medidas práticas

✓ Promova o trabalho em equipe. Você pode introduzir um horário para tarefas domésticas, como as manhãs de sábado por exemplo. Torne-o divertido. Enquanto trabalham, ponha uma música de que todos gostam. Peça uma *pizza* ou alugue um filme quando o trabalho acabar. Mostre-lhes que o trabalho é um prazer, e não um castigo.

✓ Deixe as crianças pequenas o(a) seguirem pela casa e imitarem o que você está fazendo: tirar o pó, recolher folhas secas, varrer a calçada, fazer bolos. Aqui estão algumas tarefas que mesmo crianças de quatro anos podem fazer:

- varrer;
- separar a roupa suja;
- pôr a mesa;
- guardar as compras de supermercado em prateleiras baixas;
- dar comida para os animais domésticos;
- apanhar o jornal;
- aguar as plantas;
- tirar o pó dos móveis;

- aspirar o pó (elas adoram isso; de fato, gostaríamos que alguém fabricasse um aspirador especialmente desenhado para crianças pequenas).

✓ Se os pequeninos quiserem lavar o chão da cozinha com você, delimite uma área para eles e ofereça-lhes um pequeno regador de plantas para a execução da tarefa.

✓ Crianças maiores já estão capacitadas para realizar praticamente todas as tarefas domésticas, desde tirar a mesa e lavar a louça até cuidar da jardinagem e lavar o carro.

PONTO-CHAVE. Muitas das tarefas domésticas são feitas com maior facilidade por crianças mais velhas, mas nem por isso se deve dispensar o trabalho menos perfeito dos mais novos. Ensinar seus filhos desde cedo irá render dividendos no futuro. E mais: observar um pirralhinho de dois anos tentando varrer é tão lindo, que chega a emocionar.

O que fazer

✓ Faça uma reunião de família e organize uma lista do que tem de ser feito. Decida como dividir o trabalho: ou eles escolhem determinadas tarefas ou se revezam na execução de todas.

✓ Afixe a lista de tarefas na geladeira ou no quadro de avisos. Deixe que as substituições sejam feitas pelas próprias crianças, assim não se sentirão enganadas.

✓ Não faça comentários sobre o trabalho malfeito; ficarão frustradas se você criticar seus esforços.

O que não fazer

✗ Não remunere seu filhos por tarefas. É ótimo dar-lhes uma mesada antes que estejam em condições de ganhar seu próprio dinheiro (veja o Capítulo 25, a respeito de valorização do dinheiro), mas, conforme já dissemos lá, trabalho doméstico não deve ser encarado como tarefa odiosa, pela qual tenham de ser pagos. Ensine que o trabalho tem de ser distribuído entre todos da família, da mesma forma como são divididas as gulodices.

✗ Não peça que ajudem justamente quando estão entretidos em uma atividade do interesse deles. Tente encontrar horários com os quais todos concordem, para evitar conflitos. E, se você tem de pedir por algo que não estiver na lista, peça gentilmente, da maneira como pediria a um adulto.

✗ Não reclame se esquecerem suas tarefas. Deixe que sintam as conseqüências (veja a seguir). Se não lavarem a louça conforme o combinado, não terão louça limpa na próxima refeição. Domine o impulso de fazê-lo você mesmo(a). Deixe que comam seu bife na pia da cozinha ou que se dêem conta de que o jantar não pode ser servido pela falta de louça limpa. Lógico, você também terá de lidar com o inconveniente, mas será que a alternativa das eternas lamúrias realmente é melhor? É seu o interesse de, a longo prazo, educar efetivamente seus filhos.

✗ Não se lamente nem chore por seu próprio trabalho — você sempre é o exemplo.

Conseqüências

Aqui estão alguns exemplos de resultados óbvios por esquecimento de tarefas. Deixe sua imaginação vagar para longe e encontre suas próprias alternativas para as conseqüências. Apenas certifique-se de que a conseqüência está em relação direta com a falta cometida.

- A grama não foi cortada. *Conseqüência*: as brincadeiras no quintal estão fora de cogitação; não podem levar amigos para brincar no quintal descuidado.

- Ninguém quer levar o lixo para fora. *Conseqüência*: o saco malcheiroso vai ser colocado no quarto deles.

- As travessas de comida foram deixadas sobre o balcão da cozinha. *Conseqüência*: o jantar não pode ser servido, pois não há lugar apropriado para prepará-lo.

DICA. Algumas atitudes não propiciam o estabelecimento de uma conseqüência lógica. A melhor maneira de lidar com essas situações é colocá-las na pauta da próxima reunião: "Você disse que iria dobrar a roupa lavada e não o fez". Depois pergunte (com curiosidade, não com raiva): "O que aconteceu?". A partir da resposta, você pode pensar o que dá para ser feito a respeito. Em vez de atacar o comportamento da criança, tente resolver o problema.

A última das conseqüências

Em *situação extrema*, na qual a criança se finca nos calcanhares e se recusa a fazer qualquer coisa, existe uma conseqüência verdadeiramente eficiente: a greve geral! Você diz: "Então, você não quer fazer nenhum trabalho na casa. Vou dizer-lhe uma coisa: vamos *todos* agir do mesmo modo. Nenhum de nós vai trabalhar, e veremos o que acontece. Não lhe parece ótimo?".

A vida então se torna bastante surrealista, porque a radicalização nesse caso significa: sem compras do supermercado, sem limpeza, sem carro para ir a parte alguma, sem roupas limpas, sem refeições preparadas, ou seja, sem nada. Isso, claro, é loucura, mas sabemos, por experiência própria, que uma reunião familiar de emergência será convocada nos próximos três dias. Quando nada mais funciona, esse é um caminho fantástico para ensinar aos filhos exatamente o que os pais fazem por eles.

CUIDADO! A radicalização tem de ser feita com a intenção correta! Não a utilize como instrumento de tortura!

Cinco minutos para brigar

27
O valentão

"Ei, pirralho, passe isso para cá!"

O comportamento

O valentão lança sua maldosa sombra sobre a tranqüila e despreocupada multidão. Esse é o tipo de criança que adora intimidar as outras, sobretudo as menores. Em desenhos animados, sua representação é a do menino grandalhão que se move lentamente, embora hoje em dia muitas meninas estejam começando a fazer o mesmo papel. O valentão muitas vezes é violento e pode extorquir dinheiro ou arrasar jogos amistosos apenas para ser desmancha-prazeres. E quem é o alvo preferido do típico valentão? Seus irmãos mais novos.

Por que acontece

Crianças provocadoras e beligerantes freqüentemente se sentem subjugadas e desprezadas. Para compensar, aprendem como parecer poderosas observando os adultos, principalmente seus pais. Os pais "poderosos", que estão sempre gritando e comandando a família, são modelos perfeitos para o valentão.

Sua reação

Geralmente, o que você quer mesmo é devolver na mesma moeda, mas pode acontecer de ficar realmente intimado(a) pelo filho briguento, que ameaça arruinar a casa ou até mesmo acabar com os "velhos".

Sua estratégia

Seja firme sem ser impositivo(a). Destine a seu filho trabalhos que exijam força e com os quais possam ajudar os outros.

O que tentar primeiro

Esse tipo de criança, no fundo, sente-se rejeitada. Seu trabalho será fazê-la sentir-se parte de algo — da família ou da comunidade. Se tomar partido sempre contra ela, irá reforçar o sentimento de rejeição.

PONTO-CHAVE. Não siga o impulso natural de devolver a agressão, perpetuando um círculo vicioso. Talvez este tenha sido o início de tudo...
Para ajudar seu filho a mudar de comportamento, pode ser que você precise mudar a *sua* maneira de agir. Pare de gritar por qualquer coisa. Em lugar disso, *fale* para seu filho o que vai fazer. Em vez de ficar vociferando ordens como

"Prepare sua merenda *agora*, ou terá motivo para ficar triste!", diga algo como "Vou separar tudo de que precisa para sua merenda, mas é sua responsabilidade prepará-la". Se ele não a preparar, ficará com fome. Isso não só distribui melhor o trabalho, mas também diminui a ânsia pelo poder ou pela desforra.

Medidas práticas

É da maior importância ensinar para a criança briguenta a compaixão por outras pessoas. Eis como:

✓ Se você acredita que seu filho briguento não vai abusar, dê a ele o poder, mas para praticar o bem. Transforme-o em auxiliar de trânsito para pedestres, recepcionista, capitão de time ou árbitro.

✓ Divida os poderes da família com ele. Solicite-lhe opiniões e idéias: "Onde vamos colocar os balanços?", "Como posso fixar esta porta?", "O que vamos fazer sexta-feira à noite?". Deixe que ele peça a *pizza*, faça as reservas no restaurante ou atue como co-piloto, com um mapa na mão, durante um passeio de carro.

✓ Conte histórias de pessoas que foram vítima de agressão — não como lição, mas simplesmente como conversa. Use livros e filmes como pontos de partida para discussões sobre conceitos como integridade, ética, sensibilidade etc. Faça-lhe perguntas como: "O que você pensa que uma criança sente quando é empurrada do balanço?". Não dirija o exemplo a ele, pois irá se sentir agredido e revidará. Fale sobre a situação como se fosse uma história que você ouviu.

✓ Consiga o consenso da família para algumas normas de convivência que melhorem o moral de todos. Estabeleça regras como: não contar piadas sujas ou racistas; não aborrecer pessoas em público; não ferir; não gritar; não roubar.

✓ Seja afetuoso(a) e gentil com seu filho, não importa a situação. Faça-o saber que, mesmo que faça coisas chocantes, você o ama. Convença-o de que você acredita na sua capacidade de mudança. Quando notar alguma melhora, faça um comentário positivo a respeito. Tenha paciência. Esse problema leva tempo para ser resolvido.

Conseqüências

✓ Logicamente, seu filho não pode brincar com outras crianças ou, em alguns casos, não pode ir para a escola enquanto não aprender a controlar seus impulsos agressivos. Ficar isolado em casa, brincar sozinho ou receber uma suspensão na escola podem ser medidas eficientes.

✓ Se quebrar e atirar objetos alheios, precisa indenizar o dono com seu próprio dinheiro.

DICA. Crianças violentas podem tornar-se perigosas, em especial para irmãos mais novos. Se a situação começar a fugir do controle, procure ajuda de profissional especializado.

28
As disputas entre amigos

"Me dá! É meu!"

O comportamento

Um dos comportamentos mais típicos de crianças pequenas é interromperem a brincadeira com uma casa de bonecas ou um jogo multicolorido para correr atrás do amiguinho que está brincando com um simples pedaço de pau. De repente, um pedaço de madeira à toa transforma-se no melhor brinquedo do mundo. Irrompe, então, uma disputa, e os pais precipitam-se de todas as direções para solucioná-la. E isso pode durar o dia todo, pois crianças muito amigas costumam alternar momentos de agradáveis brincadeiras com momentos de repentinas tempestades.

Por que acontece

Quando brigam com amigos, as crianças estão definindo as relações: quem vai ser o chefe, quem vai ser o subalterno, quem vai ser o lançador de idéias, quem vai ser o discípulo... Entre crianças muito pequenas, isso acontece simplesmente porque não têm capacidade para resolver problemas de uma outra maneira.

Sua reação

Invariavelmente, sua primeira reação é interromper a luta entre as crianças. Como resultado, fica um bom tempo fazendo o papel de juiz. Por que será que as crianças não conseguem resolver seus problemas em silêncio, como os adultos?

Sua estratégia

A menos que você ache que alguém vai realmente ficar ferido, deixe que as crianças resolvam a situação. Jamais tome partido.

O que tentar primeiro

Ignore a situação. Interferir, apesar de solucionar momentaneamente a questão, não ensina as crianças a resolver os problemas. Pode também gerar ressentimentos se você tomar partido. E mais: geralmente as crianças resolvem esse tipo de problema com muita rapidez, porque é mais divertido brincar do que brigar.

Medidas práticas

✓ Algumas crianças correm para os pais por qualquer briguinha. Isso é intriga; seja qual for a sua medida, não estimule esse comportamento. Há crianças que não gostam de fofoqueiros colocando-as em dificuldades. A intriga, no mínimo, prejudica os relacionamentos da criança. Desencoraje esse tendência e estimule seu filho a resolver os próprios problemas. Ao mesmo tempo, permita que ele saiba que pode contar com você em momentos de crise.

✓ Crianças são mais possessivas em seu próprio território. As pequenas, em particular, têm dificuldade em compartilhar seus brinquedos. Acostume-as a brincar em território neutro, como um parque ou um *playground*, onde ninguém tem brinquedos para proteger.

✓ Brigar é comum, mas isso não significa que seja desculpável. Para ajudar a prevenir brigas, ensine a seu filho a importância de compartilhar. Participe de seus jogos, com frases como "Posso brincar com isso quando você tiver terminado?", para cultivar a idéia de como as pessoas podem repartir. Quando houver um problema, ajude as crianças na resolução, mas de maneira não agressiva. E certifique-se de que seguem as regras de seus próprios jogos, porque eles ensinam a ter disciplina e a perder com dignidade.

DICA. Crianças muito pequenas podem ser distraídas de uma disputa com a oferta de uma alternativa: se estão brigando por causa de um patinho de borracha, atraia uma delas com outro brinquedo, aproveitando a curta duração de sua capacidade de concentração.

O que fazer

✓ Cultive em seu filho a noção de hospitalidade explicando que os visitantes devem ser tratados de modo especial, com direito à precedência.

✓ Elogie seu filho quando notar que ele está conseguindo resolver diferenças ou repartir brinquedos com amigos. Habitualmente, somos mais rápidos em apontar falhas que em destacar méritos.

✓ Tenha certeza de que seu filho encontra confirmação do prazer da partilha no comportamento dos pais.

✓ Troque idéias com seu filho. Se você sabe que ele tem problemas com um amigo em particular, pergunte-lhe, antes que aconteça algo mais grave, como ele imagina evitar uma briga entre eles.

29
As disputas entre irmãos

Vivendo com o inimigo

O comportamento

Na maioria dos lares, irmãos brigam entre si. Não deveria ser assim, mas é. Em algumas famílias, agressões verbais e contendas físicas podem irromper a qualquer momento. É como morar em zona bélica. Brigam por qualquer coisa: brinquedos, programas de tevê ou pacotes de salgadinho — o motivo é o que menos importa. Podem também brigar nos momentos mais inoportunos: no banco de trás do carro parado em um congestionamento, quando você está saindo para jantar fora ou na frente de seu chefe de trabalho. Ocasionalmente (porém menos do que você teme), podem até machucar um ao outro.

Por que acontece

Quando duas crianças brigam, estão concordando em se comportar mal para chamar a atenção dos adultos. Às vezes, a briga ocorre porque realmente uma não gosta da outra, mas isso é raro. Crianças rivalizam pela atenção dos pais em uma intensidade inimaginável. Preste muita atenção e perceberá que uma sempre faz o papel da boazinha e outra o da má. Pode não ser brilhante, mas funciona.

E existem ainda os ressentimentos do filho mais velho quando o novo bebê chega à família, destronando-o. "Por que vocês não o devolvem agora? Porque não trocam o bebê por um filhote de gato?", pergunta o mais velho com naturalidade, enquanto dá uns beliscões clandestinos em quem está desviando a atenção dos pais.

Sua reação

Você deseja um lar harmonioso, em que reine o diálogo e a compreensão, mas o objeto de seu desejo parece inalcançável. Não importa a causa, quando irmãos voltam suas energias uns contra os outros, o doce lar transforma-se em obscura selva.

Sua estratégia

Pode ser que você não se dê conta, mas quase sempre os filhos brigam pela atenção de seus pais. Por isso, a menos que você tema que alguém vá parar no hospital, mantenha-se distante do campo de batalha.

O que tentar primeiro

Sua função é criar uma família harmoniosa, para que os filhos encontrem seus papéis sociais por vias não competitivas. A amenização da competitividade melhora a relação entre eles, e o melhor caminho para isso é evitar tomar partido. Não corra toda vez que as mangas forem arregaçadas, perguntando o que aconteceu e depois atuando como juiz e jurado. Deixe que as crianças aprendam a agir por si. Se interferir, você estará oferecendo a solução, com o que nada aprendem. Às vezes, as crianças aparecem com uma solução não imaginada por você ou, mesmo, decidem se isolar cada qual em seu canto — e isso é importante para elas.

DICA. Nos casos extremos, quando há risco de lesões ou de ofensas graves, separe os "combatentes" e peça que se mantenham distantes até que se acalmem.

Medidas práticas

Quando o bebê chega à família:

✓ Cuidado com o modo como trata os maiores. É natural que os pais queiram proteger o bebê: "Psiu! O bebê está dormindo. Saia e fique quieto!". Essa é uma das maneiras mais seguras de provocar ressentimento.

✓ Dê atenção aos maiores de maneira positiva, destacando o que está certo: "Você é muito legal com o bebê", "Você é uma grande ajuda para cuidar do nosso bebê", "Querido, já viu como o bebê é louco por você?".

✓ Dê atenção específica, individualizada, a cada uma das crianças maiores.

✓ Mãe: faça a criança mais velha sentir-se importante ajudando você a cuidar do bebê. Não o transforme em *seu*, mas em *nosso* bebê. Deixe o mais velho ler um livro em voz alta enquanto você estiver amamentando. Peça-lhe pequenos favores, como ir buscar um guardanapo. Uma criança maior pode até mesmo trocar a fralda do bebê.

O que fazer

✓ Estimule irmãos a se ajudarem mutuamente. Crianças são magníficos professores, e exercer seu pendor didático irá mudar a relação entre eles.

✓ Tente promover atividades não competitivas que envolvam toda a família. Se todos gostam de caminhar, por exemplo, que pratiquem com maior freqüência.

✓ Traga à tona qualquer problema real que uma criança tenha com outra (depois que a poeira assentou) e convoque todos para encontrar soluções. Não é saudável irem irritados para a cama, portanto tente resolver tudo antes que cada um vá dormir. Encontre regras que evitem brigas: "O computador está no quarto da Luísa só para uso dela ou de toda a família?".

✓ Utilize o antigo método do banimento. Mande os contendores para fora se insistirem em brigar: uma vez que a principal razão para brigarem é chamar sua atenção, deixa de ser divertido na sua ausência. Você se surpreenderá ao notar quantas vezes duas fuinhas enfurecidas de repente perdem o interesse pela briga quando ficam sem audiência. Além disso, você estará atuando sobre o grupo, em vez de envergonhar apenas um dos irmãos, e ensinando algo sobre direito alheio. Com tal procedimento, não só a casa fica em harmonia, como também se evita o "castigo em cadeia": a criança maior, após ser castigada, esmurra a menor, que depois desconta em alguém menor, até que o menor de todos estrangula seu ursinho.

✓ Seja uma imagem positiva. Assegure-se de que seus filhos não verão *você* discutir de maneira desrespeitosa (gritando, falando palavrões, atirando a louça). Coopere com seu cônjuge, porque, caso contrário, seus filhos imitarão o comportamento beligerante dos pais. Se vocês têm problemas, deixe que os filhos percebam que a procura de uma solução se processa de modo tranqüilo.

✓ Tente se afastar da briga de seus filhos, como se estivesse saindo de cena. Você precisa da paciência de Jó para tanto, mas lembre-se de que, sem a sua atenção, acaba grande parte das brigas.

✓ Aproveite as reuniões de família para resolver problemas dos quais as crianças sozinhas não dão conta. Empregue a escuta ponderada (veja o Capítulo 5) e a técnica do *brainstorming*, na qual todos os participantes apresentam livremente soluções para o problema. Avise os contendores de que tanto podem concordar com as idéias sugeridas como delas discordar. Tente dizer: "Sei que vocês dois, no fundo, se gostam de verdade. Tenho certeza de que podem resolver o caso". E faça um comentário positivo quando notar que estão se relacionando bem.

✓ Permita às crianças que falem de seus irmãos (em um momento neutro), mesmo que os sentimentos delas sejam negativos.

O que não fazer

✗ Não ponha rótulos em seus filhos: "Ela é a intelectual", "Ele é o bem relacionado", "Ela é um gênio musical".

✗ Não eleja favoritos entre seus filhos. Se uma criança percebe que o irmão ganha mais amor ou atenção, ressente-se disso e pode chegar a pensar que suas iniciativas não têm nenhum valor. E não os compare: "Por que você não pode ser ordeiro como sua irmã?". Com esse tipo de comentário, estimula-se a hostilidade e competitividade entre irmãos.

✗ Não demonstre simpatia por aquele que faz o papel de vítima. Em vez disso, ensine a ele como defender-se sozinho.

30
O eterno contestador

"Perdão, excelência. Eu discordo!"

O comportamento

Se você adora uma polêmica, vai apreciar ter um filho contestador. Caso contrário, você talvez se sinta personagem de um fórum permanente. Você diz que está na hora de dormir e ele suplica e argumenta: "Não é justo, por favor, deixe eu ficar mais um pouquinho". Quando mais crescido, começa a discutir assuntos *realmente* importantes, como: "Por favor, deixe eu colocar um *piercing* no nariz. Não é justo, todo mundo usa".

Algumas crianças vêem-se compelidas a sempre assumir posição contrária. Discutem a respeito de *qualquer* coisa. Não estamos, de forma alguma, falando de discussões intelectuais, com argumentos socráticos, a respeito de temas abstratos. Quando crianças discutem com seus pais por qualquer motivo, é uma luta pelo poder, na qual os combatentes se digladiam em torno de minúcias da vida familiar.

Por que acontece

Contestar tudo tem por objetivo a vitória. Do ponto de vista da criança, atordoar os adultos com argumentos lógicos representa uma vitória a ser saboreada. Ou pode ser suficiente apenas para ver os pais perderem o controle enquanto o contestador permanece calmo. Pense nisto: você abdica de seu papel de autoridade com uma fala descontrolada e raivosa enquanto ele permanece inabalável, com olhar zombeteiro. Quem você acha que ganhou essa parada?

Sua reação

Mesmo que você se julgue mais esperto(a) que seu pequeno polemista, a vitória não pode ser sua, porque contestar é o jogo dele: apenas ele conhece as regras, o que significa ter ele muito mais paciência do que você. Ainda que você tenha as melhores intenções, irromper em um acesso de raiva abala a sua dignidade. Faz você questionar por que seu filho discute tanto e o que fazer para, vez por outra, conseguir vencê-lo.

Sua estratégia

Discuta menos. Escute mais. Para discutir, é preciso pelo menos duas pessoas e, se você não entrar nessa, não existirá vantagem para a criança.

O que tentar primeiro

Se surge um assunto controverso, assuma sua posição, opine e deixe que seu filho o faça também.

Seja flexível, mas mantenha um mínimo de regras invioláveis, para a harmonia da família. Se você é demasiado rigoroso(a), seus filhos provavelmente irão pelo mesmo caminho.

Medidas práticas

Durante uma das inúmeras discussões com seu filho contestador, após todos os fatos terem sido esmiuçados e cada um ter exposto sua opinião, tente um consenso ou, pelo menos, concorde em discordar. Uma das maneiras de lidar com uma criança argumentadora é fazer uma lista dos pontos relevantes, os prós e os contras da questão. Trace uma diretriz para o encaminhamento de idéias. No restante, concorde em algo com que *ambos* possam conviver.

Esse tipo de criança não suporta que lhe digam o que fazer. Elas necessitam demais expressar o que se passa em sua vida. Dê a ela oportunidade para isso. Você tem de ceder um pouco, o que a princípio é assustador, mas a longo prazo traz como resultado positivo um filho menos questionador e mais independente. Bárbara Coloroso, especialista em educação, diz que os pais podem fazer concessões em pontos não "antiéticos, imorais ou danosos".

PONTO-CHAVE. Tenha certeza de que está escutando seu filho com atenção e de que ele o(a) *ouve escutando* (veja o Capítulo 5, para conselhos sobre a escuta). Peça a ele para escutá-lo(a) até o fim, mas — e isso é muito importante — também dê crédito para os pontos de vista dele. Diga coisas como "Nunca pensei nisso antes" ou "Este é um ponto de vista realmente interessante", e resista à tentação de adotar um tom sarcástico.

O que fazer

✓ Aproveite as reuniões de família para reforçar ou modificar regras. Se o tema da discussão é transgredir uma das regras da família para atender a um desejo excepcional e não se obtém um consenso em apenas uma reunião, retome a questão na próxima reunião. Com isso, impede-se a erupção de uma contenda desnecessária, e a discussão é mantida em tom civilizado. Mantenha um agendamento para as questões mais polêmicas. Se houver muito problema a respeito, avise a todos: "Percebo que este é realmente um problema, por isso vou agendá-lo e falaremos a respeito no próximo sábado".

✓ Analise sua relação conjugal. Será que estão dando a seus filhos a impressão de que brigar é a única maneira de resolver os problemas?

O que não fazer

✓ Não deixe a argumentação de seu filho contestador se prolongar indefinidamente. Se não há esperança de final pacífico, abandone o local ou peça a seu filho que se retire. Faça uma declaração "categórica" como: "Eu *não quero* discutir agora". Retirar-se não concede a vitória à criança, significa apenas que você optou por não discutir. Seja coerente: se você também se entregar à argumentação, interminável, esteja certo de que irá transformar sua casa em um tribunal, até que seu filho resolva mudar de tática.

✓ Não o estimule indiretamente. Às vezes, pais de crianças contestadoras são, eles próprios, dominadores, justiceiros ou manipuladores. Questionar tudo é a maneira pela qual a criança aprendeu a ter supremacia. Isso acaba deixando esses mesmos pais orgulhosos de seus filhos. A mensagem subliminar é: "Você poderia ser mais ameno, mas, caramba, por certo você é filho de quem é!".

A face positiva

Crianças questionadoras são assertivas, sagazes e participativas e resultam em excelentes líderes. Estão sempre pensando em meios de tornar sua vida melhor.

Debatedores tendem a ser tanto otimistas como tenazes. Estão intensamente envolvidos com o conceito de justiça, do que é e do que deixa de ser justo. Sim, sim, certamente serão bons advogados.

O clássico horror à escola

31
O baderneiro

"É pra zoar? Aqui estamos, amigos!"

O comportamento

Algumas crianças parecem ter prazer em passar seus dias privando os colegas de classe do aprendizado, e manifestam tal intento de múltiplas maneiras: atirando os mais variados objetos sobre os colegas, rindo de qualquer coisa, zombando de todos, desviando a atenção geral e revidando qualquer provocação. Com trinta ou quarenta crianças na classe, é inevitável que existam muitas regras, assim como inúmeras possibilidades de desrespeitá-las. Quem consegue controlar trinta crianças que se dispersam? E o velho artifício de revirar as pálpebras enquanto o professor está de costas é bomba certeira... Eles trocam bilhetinhos, escrevem palavras obscenas no quadro-negro e, com pontaria certeira, cospem nos olhos dos outros. Qualquer coisa é válida para desviar a atenção do estudo. Se tudo o mais falha, ser respondão para o professor é método seguro para alimentar a imagem do *rebelde sem causa*.

Por que acontece

Todos nós encontramos significado social em nosso papel diante de um grupo: mãe, pai, operário, gerente, chefe de torcida etc. A criança que faz bagunça na sala de aula está conseguindo destaque pelo papel de rebelde ou de palhaço da classe, o seu grupo social. A razão é tão antiga quanto as próprias produções teatrais.

Sua reação

O primeiro sinal de complicações geralmente é um telefonema ou uma carta da escola. Sua reação é de raiva ou de culpa, mas nenhuma delas o(a) leva a parte alguma. Alguns pais já ficam nervosos quando são chamados para conversar a respeito com o professor ou o orientador, padecendo de vislumbres de sua própria juventude desperdiçada ("Por favor, não conte para meus pais!"). Às vezes, pais e professores acusam-se mutuamente pelo problema, gerando mais uma relação prejudicada. E, ainda pior, crianças que vivem aprontando em geral não prestam muita atenção à aula, assim suas notas não são as mais invejáveis. Você quer que seus filhos se comportem na escola, mas não pode estar lá para ajudá-los.

Sua estratégia

Estabeleça uma boa relação entre o professor, a criança e você. Como um time, trabalhem para descobrir o potencial da criança e dar a ela a liderança de áreas ou de projetos nos quais se sobressai.

O que tentar primeiro

A melhor estratégia é executada em duas etapas:

1. Organize uma reunião com a sua presença, a da criança e a do professor. (*Nota*: Se o professor não concordar com a idéia, você e seu filho terão de seguir seus próprios passos.)

2. Apresente sugestões aceitáveis para atribuir a seu filho outros papéis de importância, e não o de palhaço da classe. E estabeleça punições para o caso de o mau comportamento permanecer. Por exemplo, se ele continuar a ser irreverente, determine que faça o dever de casa na secretaria ou em uma sala de aula desocupada, onde não irá atrapalhar os colegas.

Medidas práticas

✓ Garanta que essa reunião não seja um confronto e conduza-a com o objetivo de todos trabalharem pela mesma causa. A primeira etapa é definir o problema. Depois, cada qual tenta encontrar a solução.

PONTO-CHAVE. A estratégia aqui é incluir a criança: pergunte a ela o que pensa do problema. O que ela acha que poderia ser feito a respeito? Empregue a escuta ponderada (veja o Capítulo 5), para que ela saiba que está sendo ouvida e que os adultos não querem passar por cima dela nem a castigar. Lembre: não importa se ela está certa ou errada, o principal objetivo é fazê-la concordar com a solução.

✓ Se a criança tem dificuldade em se abrir, faça-a perceber que você realmente quer conhecer o ponto de vista *dela* e que é difícil resolver o problema sem as idéias *dela*.

✓ O resultado dessa reunião deve ser um contrato: anuência escrita, assinada pela criança e pelo professor, que estabeleça o que ambos vão fazer e deixar de fazer.

OUTRO PONTO-CHAVE. Não vise à perfeição, apenas à melhora. Mantenha o objetivo em limites razoáveis: se seu filho fala fora de hora vinte vezes por dia, comece pedindo que ele reduza esse número para dez.

✓ Você também pode sugerir para o professor que utilize a reunião de classe (caso seja procedimento normal da escola), para toda a turma trabalhar na solução do problema.

✓ Toda pessoa se destaca em pelo menos uma área. Depende de você e do professor descobrir em que a criança é melhor e usar isso contra a indisciplina.

- Se a criança tem dons artísticos, ofereça-lhe uma tela gigante para pintar.

- Se tem qualidades de liderança, incentive-a a ser um monitor de sala.

- Se ela tem talento para ler em voz alta, faça-a ler para os alunos mais jovens.

- Se é craque em matemática, deixe que ensine a uma criança que seja fraca na matéria. Tire vantagem do fato de as crianças serem excelentes professores.

O que fazer

✓ Contrate um professor particular (pode ser um adolescente da vizinhança) se as notas se tornarem realmente problemáticas. Quando as notas melhorarem, tome providências quanto ao comportamento extrapolado.

✓ Peça para a criança manter um diário de seus progressos. De tempos em tempos, leiam juntos os resultados.

O que não fazer

✗ Não enlouqueça com uma reincidência — isso só fará a criança sentir-se mal consigo mesma. Afinal de contas, muitas vezes ela nem sabe por que age assim.

✗ Não avalie constantemente o seu comportamento: "Como você foi na escola hoje?". A cobrança contínua a fará deduzir que você alimenta suspeitas quanto à capacidade dela de melhorar e de superar o problema.

32
O inocente irresponsável

"Lição de casa?! Deus tenha piedade de mim!"

O comportamento

Crianças não são tão diferentes de adultos: depois do trabalho ou da escola, querem voltar para casa e relaxar. Contudo, elas são sobrecarregadas com esse negócio chamado "lição de casa", cuja razão de ser até hoje nenhuma criança compreendeu. Para se esquivar das odiáveis lições, encontram mil desculpas em seu arsenal de trapaças: "Estou cansado", "Não sei fazer isto aí", "Estou doente". Ou aquela antiga ladainha: "Hum... Poxa... Eu me *esqueci*".

Por que acontece

Porque são humanos. E todos os seres humanos são proteladores naturais, que preferem brincar a trabalhar. As crianças muitas vezes não entendem por que o dever de casa é importante, tampouco como a aprendizagem pode ser divertida. Após ficarem confinadas na sala de aula, a última coisa que desejam é abrir novamente um livro. A intenção delas é fazer, mas todas as noites acabam se distraindo com a tevê ou com qualquer coisa mais interessante que uma lição (e, convenhamos, quase tudo é mais interessante...).

Sua reação

Após a jornada dura e cansativa de um dia de trabalho, você mesmo(a) tem de se tornar *policial do dever de casa*. E, mais, também tem de assumir o papel de professor(a), lutando para ajudar seu filho a aprender alguma nova espécie de matemática que desnorteia até você. Lição de casa é trabalho *dele*, então, por que você fica tão frustrado(a) se o filho não a faz?

Sua estratégia

A rotina diária deve estabelecer que trabalhar vem antes do brincar. Em todo caso, torne a lição de casa responsabilidade dele.

O que tentar primeiro

O segredo para conseguir que algo seja feito *todos os dias* é transformar esse algo em rotina. Seu filho não deve nem mesmo ter a oportunidade de pensar *quando* fazer a tarefa. Tenha uma reunião com ele para estabelecer um horário determinado: logo depois da escola (muitas vezes é a melhor solução, já que o libera da obrigação para brincar o restante do tempo); depois do jantar ou antes ou depois do programa de tevê predileto. Não entre em luta pelo poder por causa disso. Se seu filho continuar se recusando a fazer a tarefa, fale com o professor a respeito de possíveis reprimendas, desde o prolongamento do período em sala de aula para a execução da lição até o desconto de pontuação na nota do bimestre. *Nota*: é importante que as conseqüências ocorram na escola, de onde partiu a tarefa, e não na casa do aluno.

Medidas práticas

✓ Corte a tevê, grande sedutora de crianças enfastiadas com lições de casa. Estude com seu filho a suspensão a partir de um horário determinado — talvez eliminar a tevê depois das 18 horas. Isso é muito mais fácil de conseguir quando a criança é incluída na elaboração do esquema.

✓ Explique a seu filho que a finalidade da lição de casa é reforçar o que ele aprendeu durante o dia na escola. Pelo menos ele vai entender que lição de casa não é um suplício inventado pelos adultos para estragar o horário livre das crianças.

✓ Ensine a seu filho esta máxima a respeito de trabalho: o que não é feito hoje tem de ser feito amanhã. (Na vida adulta, raramente funciona dizer a seu chefe que você não fez o trabalho porque estava assistindo a um filme magnífico...)

✓ Se seu filho está tendo dificuldade no desempenho dos deveres de casa, diga algo estimulante como "Isto é realmente complicado. Vamos trabalhar juntos nisto" ou "Você está melhorando. Veja até onde você chegou".

✓ Incite-o a comunicar ao professor quando alguma tarefa é demasiado difícil para ele.

PONTO-CHAVE. Você deve estar presente para ajudar, mas não se deixe envolver na execução da tarefa. Afinal de contas, provavelmente você já sabe como fazê-la... Em lugar de soletrar para seu filho a palavra "exceção", mostre-lhe como procurá-la no dicionário.

Pais em teste didático

A maioria dos pais nunca foi treinada para lecionar, por isso pode frustrar-se com facilidade ou ser excessivamente exigente quando tenta ajudar no dever de casa. Isso pode prejudicar tanto a relação entre pais e filhos como a percepção do processo de aprendizagem. Se você acha que não sabe ensinar, seu cônjuge, um irmão mais velho ou um professor particular pode substituí-lo(a). Para avaliar quanto você pode adequar-se, formule a si mesmo(a) as seguintes perguntas:

- Você ficaria frustrado(a) se seu filho não entendesse o que você explicou?

- Você se considera uma pessoa crítica?

- Você com freqüência irrompe exasperado(a) diante da dificuldade alheia?
- Você tem o costume de dizer coisas como "Você não está tentando. Preste atenção!" ou " Você não vai levantar-se antes de terminar isto!"?

Se a resposta a qualquer uma dessas perguntas for positiva, você deveria ler o jornal à noite e deixar outra pessoa aborrecer-se com a geometria.

33
O atrasado da escola

"Já vou! Já vou! Estou indo...
Estou chegando..."

O comportamento

Cumprir horários é duro, mas fazer seus filhos cumprirem pode ser uma tarefa hercúlea. Deixá-los prontos para a escola é o maior de todos os desafios. Com um olho no relógio e o outro naquelas boquinhas repletas de torrada com geléia, você passa suas manhãs vociferando ameaças e controlando o tempo da família toda. Enquanto isso, seu filho fica caindo para trás, em estado de semidormência, e sua filha troca de roupa pela quinta vez! Quanto mais você pressiona, mais devagar eles se movem, até mesmo aqueles que normalmente correm por toda parte nessa hora só se movimentam em câmera lenta. Pressionado(a) pela tirania do relógio da cozinha, você grita para ficarem prontos, mas não adianta — você está tenso(a), eles estão atrasados para a escola, e o dia decididamente começou mal.

Por que acontece

Existem muitas explicações possíveis para esse tipo de comportamento, desde simples luta pelo poder até resistência a ir para a escola. No entanto, de modo geral, você pode atribuir essa espécie de atraso ao fato de as crianças, especialmente as mais novas, não dominarem ainda a noção de tempo (veja o Capítulo 1, sobre a morosidade própria da idade).

Sua reação

Você não apenas se sente responsável pela pontualidade de seus filhos, como também tem de chegar a seu próprio trabalho dentro do horário. A cada tiquetaque do relógio, a tensão aumenta, até que você se encontre em um estado de ânimo mais propício para retornar à cama.

Sua estratégia

Estabeleça uma rígida rotina matinal e certifique-se de reservar tempo suficiente para sua execução.

O que tentar primeiro

Convoque uma reunião de família e estabeleça uma rotina matinal com a qual todos possam conviver. Determine que as crianças se levantem pelo menos uma hora antes do horário de saída, assim terão tempo suficiente para ficarem prontas. A equação é mais

ou menos esta: quanto menos tempo você tem, mais pressão sente, e quanto mais pressão sente, mais controlador(a) você fica. Em resposta, seus filhos revidam seu comportamento controlador com rebeldia.

Medidas práticas

✓ Uma das bênçãos que recebemos como seres humanos é a necessidade de se sentir útil. Faça cada criança responsabilizar-se por uma tarefa, de modo que se sinta parte integrante da rotina matinal. Se já estão suficientemente crescidas, faça uma pôr a mesa, enquanto outra prepara o café da manhã. Dessa forma, todos dependem de *si mesmos* em alguma etapa.

✓ Mantenha a atividade matinal fluente e simples. Poucas pessoas tomam boas decisões momentos depois de acordar; portanto certifique-se de que seus filhos escolheram o que querem vestir na véspera. Podem também preparar a merenda e pôr a mesa antes de ir para a cama.

✓ Crianças naturalmente vagarosas não têm noção de tempo. Você tem de acompanhá-las a cada passo, mas tente usar o mínimo de lembretes. Recriminando seu filho o tempo todo com frases como "Vamos, vista-se!" ou "Ande depressa, estamos de novo atrasados!", você transforma seu pequeno insubordinado em um "surdo". Estimule-o para a ação parando à porta de casa e vestindo seu próprio casaco.

✓ Para crianças mais velhas, avise que está saindo e espere do lado de fora da casa. Não se preocupe, elas logo sairão — poucos conseguem resistir à sutil pressão de alguém esperando ostensivamente.

✓ Dê a seu filho vagaroso um despertador e ensine-o a ler as horas. Dessa maneira, saberá quando está atrasado, evitando que você grite até ficar rouco(a).

✓ Explique a seu filho com clareza por que ele tem de estar no horário. Destaque que a pontualidade é uma contribuição para a família e que, sem ela, todos acabam sofrendo. Não faça um sermão, apenas formule perguntas como: "É importante sairmos a tempo? Por quê? O que acontece se sairmos atrasados?". Deixe que ele descubra as respostas.

Conseqüências

Para melhores resultados, defina a pontualidade como responsabilidade de *cada* membro da família. Para isso, é preciso estabelecer conseqüências individuais para os atrasados. Aqui estão algumas sugestões:

- Fale com o professor de seu filho vagaroso, explicando que você está tendo problemas em colocá-lo para fora de casa. Em geral, as escolas já têm alguma sugestão, como um recreio perdido ou uma retenção além do horário normal.

- Crianças menores, que não se deixam vestir, devem ser levadas para a escola como estão, com a roupa em uma sacola. Peça aos assistentes da escola que não se assustem se seu filho aparecer de pijama e precisar ser trocado na escola — uma única experiência dessas geralmente basta.

- Pais que trabalham, que têm seus próprios horários, podem precisar contratar uma babá para o filho mais lerdo. A babá levará a criança para a escola, que então sentirá os efeitos do atraso. Você tem de providenciar isso apenas algumas vezes para que o problema seja resolvido.

- Se a criança não conseguir tempo para o café da manhã ou se esquecer da merenda, ficará com fome.

- No caso de uma criança maior, se você a leva para a escola de carro, em seu caminho para o trabalho, deixe-a seguir parte do trajeto a pé, sem prejudicar seu próprio horário.

34
O boletim decepcionante

Zero... Zero... Zero...

O comportamento

A cena não é incomum: a criança chegando em casa com um boletim vermelho (todas as notas abaixo da média), abaixa a cabeça diante de pais furiosos. Punições vêm, inevitavelmente. Fracasso e decepção pairam sobre a casa, como um cheiro ruim.

Por que acontece

Pode haver boas razões para o mau desempenho escolar. Talvez seu filho tenha problema de visão ou de audição ou até grave dificuldade de aprendizado. Mas razões mais abstratas também podem ser a causa: falta de hábito de estudo regular, desorientação quanto aos métodos didáticos, falta de estímulo ou excesso de mimo por pais superprotetores, que induziram o filho a acreditar que tudo na vida pode ser conquistado pelo caminho mais fácil.

Sua reação

Seu filho é reprovado em todos os exames, e a sensação de reprovação se estende aos pais. Raiva e culpa lutam pelo controle de um jogo em que todos perdem.

Sua estratégia

Separe o agente da ação, para que seu filho não se sinta tão mal em relação a si mesmo como se sente a respeito de suas notas. Em seguida, faça todo o possível para incentivar o amor pelo estudo.

O que tentar primeiro

Seja encorajador(a). Notas baixas podem lançar a criança em um círculo vicioso: ela se sente burra porque não está se saindo bem, e esse sentimento de incapacidade faz seu desempenho ficar ainda pior. O fato é que as crianças têm uma tendência natural de relacionar sua identidade a seu desempenho. Mas, notas baixas não significam que a criança seja incapaz; ela pode ter faltado a aulas importantes ou não ter conseguido se adequar ao método didático da escola (algumas crianças reagem melhor a estímulos visuais que auditivos, ou vice-versa). Notas baixas podem ser úteis, porque indicam em que pontos há necessidade de mais trabalho.

O pior que você pode fazer é ser crítico; você tem de ajudar a criança a desenvolver seu amor pelo estudo. Não a desestimule observando que ela "nunca será muito boa em matemática". Comentários como esse rapidamente se transformam em concretização de profecias.

Medidas práticas

✓ Mostre interesse por aquilo que a criança está aprendendo, não apenas por suas notas. "Você sabe por que o céu é azul? Eu também não. Por que não tentamos aprender juntos?"

✓ Faça o estudo parecer agradável, e não um castigo dos céus. Conte para seu filho o que *você* gosta de ler, o que *você* gosta de estudar, o que verdadeiramente o(a) surpreende nesta vida.

✓ Aulas particulares às vezes são uma boa saída — permitem que seu filho se recupere e se sinta melhor em relação a ele próprio. E o professor particular não está emocionalmente envolvido como você.

✓ Enfatize esforços, não resultados.

✓ Analise se seu filho não está envolvido em muitas atividades extracurriculares, o que poderia estar prejudicando seu rendimento escolar.

✓ Se você nutre expectativas muito altas ou não se destaca pela paciência, talvez não seja a pessoa mais indicada para ajudar seu filho nas lições de casa. Se você fica frustrado(a) e nervoso(a), a criança fica desencorajada e você pode prejudicar sua relação com ela (veja o Capítulo 32, a respeito da resistência às lições de casa).

✓ Selecione atividades cotidianas não evidentemente ligadas à educação formal para ensinar conceitos importantes a seu filho. Por exemplo, o preparo de bolos pode ser útil para o aprendizado de conceitos matemáticos, como conversão de medidas e frações (e vocês ainda saboreiam uma sobremesa feita a quatro mãos...).

✓ Converse com o professor sobre o que pode ser feito para melhorar as notas de seu filho, mas não deixe de incluir a criança na conversa. Apresente um plano — talvez seu filho tenha de estudar matemática todos os dias, tendo ou não tarefa da disciplina. Tente a concordância dele com a solução escolhida, pois, caso contrário, o plano de estudo não surtirá efeito.

✓ Seja otimista. Não se preocupe (pelo menos não em voz alta). E deixe seu filho saber que você não desistirá dele.

✓ Demonstre alguma empatia com as dificuldades escolares de seu filho. Você pode deixar um emprego que lhe desagrada, mas um estudante primário tem de ir à escola todos os dias, mesmo que não esteja se saindo bem.

✓ Não faça muito alarde em torno de um irmão que está indo muito bem na escola (a menos que esteja querendo estabelecer uma guerra doméstica).

✓ Verifique com o médico se realmente não há nada de errado com a audição e a visão de seu filho.

✓ Se você pensa que seu filho pode ter um distúrbio de aprendizado, pergunte na escola como é possível avaliar isso.

PONTO-CHAVE. Enfatize o que está indo bem. Se seu filho tira cinco em uma prova, de dez pontos, aponte os cinco que ele acertou. Diga-lhe que isso prova sua capacidade de aprender.

35
Quando o professor é o problema

"Há uma pedra no meu sapato!"

O comportamento

Durante várias horas diárias, cinco dias por semana, seu filho e o professor são lançados juntos dentro do caldeirão efervescente da sala de aula. Se não se gostam, a vida torna-se pouco agradável.

Por que acontece

Uma vez que ambos, professor e aluno, são humanos, provavelmente os dois têm suas legítimas queixas. Seu filho pode achar que o professor o persegue, que é muito crítico ou, simplesmente, que é antipático. O professor, que tem de lidar com outras trinta crianças também desejosas de atenção total, pode achar que seu filho é agressivo demais ou, pelo contrário, que é relapso e desatento. Algumas pessoas apenas têm objetivos diferentes: o professor precisa manter o controle sobre uma classe inteira, e a criança espera que a vida escolar seja uma aventura — parece um mau casamento.

Sua reação

As notas estão sofrendo a influência desse relacionamento ruidoso. A criança está se sentindo infeliz, e assim estão os pais. Você não sabe se toma partido ou se procura outra escola.

Sua estratégia

Dê apoio a seu filho, mas não tome partido.

O que tentar primeiro

Sua função é ajudar seu filho a resolver o problema, e não o resolver você mesmo(a). Seu filho tem de aprender a conviver com diferentes pessoas, principalmente aquelas investidas de autoridade; portanto, não vai adiantar você procurar o professor para tentar colocar o assunto em ordem. Você quer ver seu filho ter a capacidade e a coragem de falar, ele mesmo, com o professor. E não tome partido — o que, compreensivelmente, é muito difícil, mas você tem de se convencer de que o problema é *dele*.

Medidas práticas

✓ Dê toda a atenção ao que seu filho diz a respeito do problema. Ainda mais importante é dar crédito ao que ele fala.

✓ Encontrem soluções juntos. Ajude seu filho a ver o problema pelo lado do professor (como ele gostaria de educar e controlar trinta de seus colegas?). O que ele poderia fazer para ajudar o professor?

✓ Ensine seu filho a ser franco e desenvolto com seus problemas. Encene um encontro com o professor (você faz esse papel). Induza-o a contar ao professor (no caso, você) quais são seus sentimentos: "Acho que você não gosta de mim. Percebo que, quando qualquer coisa está errada, sou sempre o acusado".

✓ Combine um encontro entre seu filho e o professor. Você deve atuar como mediador nessa reunião, sendo imparcial e tentando levar ambas as partes a uma solução. Tenha certeza de não estar jogando a culpa em nenhum dos dois.

✓ Incentive a criança a redigir o rascunho de um contrato com o professor, registrando quais as maneiras pelas quais pretende melhorar seu comportamento em classe.

✓ Se as tentativas de trabalho conjunto com o professor falharem, utilize a escola como recurso, envolvendo o diretor ou o orientador pedagógico.

O divórcio

Às vezes, professor e aluno simplesmente não simpatizam um com o outro, o que em geral resulta em um problema para a criança. Como última tentativa, o melhor pode ser terminar com a relação e transferir a criança para outra classe.

36
O fujão

"Chega! Não quero mais ir à escola!"

O comportamento

A recusa de ir à escola pode significar luta pelo poder em crianças pequenas. E, se você não tomar cuidado, pode persistir durante toda a idade escolar, até a universidade. Essa conduta difere de simples morosidade (veja o Capítulo 1) ou da natural tendência ao atraso (Capítulo 33), apesar de haver muito em comum em ambas as condutas e nas técnicas empregadas. Algumas vezes, a recusa a freqüentar a escola tem origem em *problemas com o professor* (Capítulo 35). A questão é que, se seu filho se recusa a ir à escola, está dizendo para você: "Não vou e você não pode me obrigar!". Se chegar atrasado à escola é aborrecido, não chegar de forma alguma é simplesmente intolerável.

Por que acontece

Pode ser um medir forças com os pais, mas, na maioria das vezes, existe um problema específico na escola, como maus-tratos e humilhações ou uma relação particularmente ruim com o professor.

Sua reação

Você aprende com rapidez como é difícil obrigar uma criança a fazer algo que não quer. Berros, ameaças terríveis, promessas assustadoras — tudo falha. Se não arrastar a criança pelo braço, você não vê outra maneira de colocá-la a caminho da escola...

Sua estratégia

Sempre existe uma razão; descubra qual.

O que tentar primeiro

Analise a questão. Aqui estão as seis razões mais freqüentes pelas quais as crianças não querem ir à escola:

- problemas de relacionamento com outras crianças;
- aborrecimento com o professor;
- dificuldades com o desempenho escolar;
- medo de abandonar o ninho;
- enfado;
- luta pelo poder com os pais (negar-se a ir à escola garante o início de uma contenda).

DICA. Quando você perguntar a seu filho por que ele não quer ir à escola, esteja preparado(a) para um repente de mau humor: "Não sei!". Pode ser que você tenha de recorrer a suposições: "Você está tendo problemas com seus amigos ou com o professor? Você está aborrecido?". Se isso não conduzir a nada, tente perguntar aos irmãos ou amigos.

Medidas práticas

✓ Uma vez conhecido, o problema pode ser resolvido. Se é um problema com o desempenho escolar, marque um encontro com o professor e descubra sua origem. Talvez você precise contratar um professor particular para reforçar as explicações ou apenas para acompanhar as lições de casa. Peça ao professor que pergunte na classe quem se interessa em ajudar seu filho. Pergunte a ele com quem gostaria de estudar. Ofereça opções.

✓ O professor pode também ajudar se o problema for social. Se seu filho tem dificuldade em fazer amigos, o professor pode promover sua interação com um grupo receptivo e disposto a ajudar.

✓ Certifique-se de que não existem problemas médicos com seu filho, como deficiência visual ou auditiva.

✓ Crianças caminham melhor quando os pais têm participação nas atividades da escola: associação de pais e mestres, voluntariado para ensinar matérias especiais, como computação ou música, ajuda na supervisão de excursões ou em palestras de orientação profissional.

O que fazer

✓ Torne a atividade escolar divertida. Alimente em sua casa um sentimento positivo em relação à escola. Evite observações como: "Pois é, a escola é uma chatice, pelo menos foi para mim. Mas, de qualquer maneira, você tem de ir". Em vez disso, deixe que fiquem curiosos em relação à escola e à expectativa de aprender. Se têm um interesse em particular, como leitura ou observação da natureza, ajude na formação de excursões, na computação ou em projetos especiais (quem sabe quantos ganhadores de Nobel começaram fazendo crescer raízes de batata em um copo com água?).

✓ Tenha confiança em seu filho. Crianças que não querem ir à escola muitas vezes estão sem motivação. Faça-o saber que você acredita que ele pode ir em frente, estudar e ser bem-sucedido.

O que não fazer

✗ Não enfatize as notas. Se se sentir obrigado a tirar dez em tudo, seu filho ficará insatisfeito mesmo tendo um bom desempenho.

37
O insociável

"Ninguém me ama..."

O comportamento

O pátio da escola é como a selva: o fraco, apesar de não ser devorado, é obrigado a ficar sozinho, encostado à cerca.

Por que acontece

Algumas crianças são muito autoritárias, excessivamente agressivas ou se recusam a seguir as regras do jogo que tornam possível a vida no recreio. Para algumas, falta apenas desenvoltura — são terrivelmente tímidas ou somente excêntricas demais para a multidão no pátio da escola. E ainda existe o natural deboche das crianças — algumas são alvo dessa "crueldade" infantil apenas por terem alguma característica física contrastante, ou por usarem roupas excêntricas, ou por não primarem pela higiene pessoal. E mais, alguns grupos sociais, mesmo infantis, são realmente impenetráveis.

Sua reação

Qualquer que seja a razão para a inadequação social de seu filho, você se sente confuso(a) e frustrado(a) e muitas vezes reage com excessiva crítica. Você pode até rejeitar seu filho por considerá-lo desagradável ("Eu o amo, mas às vezes não o suporto"). Somos animais sociais, e é doloroso ver o filho rejeitado pelo grupo e incapaz de fazer amigos. A vida já é bastante difícil mesmo para quem não é o enjeitado da escola.

Sua estratégia

De um modo ou de outro, comportamento insociável é uma forma de compensação: as crianças com esse perfil precisam transformar positivamente sua auto-imagem.

O que tentar primeiro

É necessário ensinar a seu filho maneiras sociais aceitáveis, e você precisará de ajuda para isso. Junte os irmãos numa reunião de família e discuta o que os fazem gostar uns dos outros. Mantenha uma postura positiva. Outra solução é encontrar uma criança muito bem relacionada que esteja disposta a introduzir seu filho no grupo da escola.

Medidas práticas

✓ Peça ao professor para organizar debates na classe sobre como fazer amigos e como ser tolerante. A menos que seu filho seja mais corajoso do que a maioria de nós e no momento *deseje* falar sobre seu problema em público, certifique-se de que o professor falará de modo genérico, perguntando por exemplo: "O que podemos fazer por alguém que esteja passando por esse tipo de problema?". Habitualmente, quanto menor a criança, mais sincera ela é (veja o Capítulo 23, a respeito de timidez).

✓ Destaque os pontos fortes de seu filho. Se ele se sente fisicamente pouco atraente, faça-o entender que caráter é mais importante que aparência; chame a atenção dele sobre a inteligência e outras virtudes. Não menospreze suas preocupações — elas são reais — e ensine-lhe a verdadeira essência da amizade.

✓ Chame a atenção para o fato de que todos nos sentimos solitários uma vez ou outra.

✓ Tenha em mente que ter um amigo é suficientemente bom. Se seu filho estabeleceu relação com outra criança, faça todo o possível para incrementar essa amizade; inclua o amigo nos passeios e no convívio da família.

✓ Se a falta de higiene é a causa dos problemas de seu filho, converse a respeito disso de maneira carinhosa (veja o Capítulo 15, com estratégias para melhorar os hábitos higiênicos).

PONTO-CHAVE. Se seu filho se retrai ou se sente pouco à vontade em público, provavelmente lhe falta autoconfiança. A cura é descobrir por que se sente assim. Depois tente mudar a situação, lembrando que *não se desenvolve autoconfiança em cima de pontos fracos, mas sim sobre os fortes*. Por essa razão, jamais critique as fragilidades de seu filho fazendo comentários como "Você está sempre sujo" ou "Você está horrível com esta roupa; é claro que ninguém gosta de você". Pode ser que suas exigências sejam excessivas e que você o critique demais. Mesmo observações aparentemente inofensivas como "Você poderia ter se saído melhor" serão interpretadas pela criança como crítica negativa.

Modos à mesa e problemas com a alimentação

38
Os trogloditas tomam conta da mesa

"Preserve a vida selvagem: tenha filhos"

O comportamento

Você gostaria que as refeições em sua casa lembrassem as harmonias do paraíso. Em vez disso, sente-se arremetido(a) para uma verdadeira zona de caos: crianças brincando de atirar almôndegas, mastigando de boca aberta, cuspindo, pegando comida com as mãos, derramando molhos e sucos, e repetidamente se levantando e correndo para fora. Muita coisa se passa, mas pouco tem a ver com uma refeição civilizada.

Por que acontece

A resposta sucinta é que a maioria das crianças não consegue reunir paciência para se sentar quieta por mais de cinco minutos. E, quanto menores são, mais difícil é. Estão todas juntas, explodindo de energia e cheias de imensa antipatia por comida de qualquer espécie. A ausência geral de normas em uma família se evidencia, de modo especial, à mesa, durante as refeições.

Sua reação

Em vez de aproveitar sua refeição, você acaba tentando controlar todo esse circo. Como pode ensinar a seus filhos bons modos e salvaguardar a própria digestão?

Sua estratégia

Se seus filhos não sabem agir de maneira civilizada à mesa, não podem comer junto com os adultos. Mande que façam as refeições separadamente ou deixe que fiquem famintos até que resolvam se comportar.

O que tentar primeiro

Obviamente, você precisa estabelecer algumas regras. Como família, todos podem decidir quais serão essas normas. Apenas tenha certeza de aplicá-las a si mesmo, para dar exemplo a seus filhos de como respeitar os outros, ou seja, de como ter boas maneiras. A mesa de refeições, afinal de contas, é um local social, excelente para aprender a conversar e a ouvir. Tente uma dessas três alternativas quando seus filhos não se comportarem:

✓ Peça a eles para saírem da sala de almoço. Diga-lhes que poderão voltar quando decidirem se comportar. Isso lhes dará uma opção.

✓ Sem comentários, retire o prato deles da mesa (eles saberão por quê) — a mensagem implícita é: "Suponho que não estejam com fome. Vamos ver o que farão da próxima vez".

✓ Leve a própria refeição para local mais tranqüilo (um terraço por exemplo) e desfrute sozinho(a) um momento de prazer (isso realmente os atingirá).

Medidas práticas

Aqui estão cinco segredos para uma refeição civilizada:

1. Primeiro, faça uma reunião com as crianças e discuta por que são necessárias regras como "cotovelos fora da mesa", "arrotos também fora da mesa" e "nada de tevê durante as refeições". Encare erros como oportunidades para ensinar boas maneiras. Por exemplo, quando alguém quer pegar o pão e bate em cheio contra a molheira, é boa ocasião para lançar uma regra de como pedir às pessoas para passarem algo distante. E não transforme pequenos delitos em grandes tempestades. Certifique-se de que estão levando as regras a sério e seja firme, mas não espere perfeição, senão irão detestar a hora da refeição.

2. Não reprima, oriente. Crianças têm apurada capacidade de observação e aprendem copiando o com-

portamento dos adultos. Tenha certeza de que suas maneiras à mesa são perfeitas.

3. Mantenha a hora da refeição agradável. O delicioso *boeuf bourguignon* não proporcionará nenhum prazer se você ficar o tempo todo ralhando com as crianças. Coloque em serviço, vez por outra, a fina louça chinesa e os castiçais de velas decorativas — despertará em seus filhos o clima ritualístico de um banquete.

4. Envolva as crianças na conversa à mesa. Elas não gostam quando os adultos conversam entre si, e podem portar-se mal justamente para chamar a atenção. A participação também lhes ensina como conversar de maneira civilizada. Comece contando o que aconteceu a você durante o dia ou levante assuntos nos quais você sabe que estão interessadas, como projetos para o fim de semana ou para as próximas férias.

5. Tenha prazer em comer com seus filhos e permita que saibam disso. Seja animador: "Vocês, garotos, são suficientemente gentis para lanchar com uma rainha". Leve, de vez em quando, os mais velhos para um restaurante refinado.

39
Os paladares difíceis

"Não, verdinho não!"

O comportamento

Você passa um tempão elaborando refeições saborosas e nutritivas para sua família. Mas, quando serve uma de suas criações, seus filhos a tratam como se fosse limo verde. Repelem até mesmo sua *pasta primavera*. Algumas crianças querem abandonar a mesa para comer divertidos biscoitos melequentos. Outras só manifestam vontade de comer uma ou duas coisas, como salgadinhos ou geléia. E, convenhamos, poucos mortais antes dos vinte anos de idade gostam sinceramente de jiló.

Por que acontece

Pode ser por falta de prazer ou por escasso desenvolvimento do paladar. Qualquer que seja a razão, a maioria das crianças não se encanta com comida. Também não têm a paciência de sentar por mais de cinco minutos para apreciar devidamente certas atividades (como ingerir uma refeição completa), preferindo beliscar bobagens na geladeira durante o dia todo.

Sua reação

Você sabe que a nutrição é vital para indivíduos em crescimento, mas parece que seus "pequenos indivíduos" não pensam o mesmo. Emocionalmente é tão doloroso seus filhos se recusarem a comer, que a tensão em torno da mesa de jantar arruína a digestão de todos.

Sua estratégia

Sua função é servir refeições bem balanceadas. É função de seu filho decidir se vai se servir delas ou não.

O que tentar primeiro

Tudo bem, você preparou o jantar e seus filhos se recusam a saboreá-lo. Aqui está o que fazer. Diga-lhes a verdade: você está *triste* por eles não gostarem do que preparou para o jantar. E deixe claro que depende deles comer ou não. Não se estenda em argumentos. Tente sempre deixar as refeições alegres. Não estrague o humor de todos tentando fazer seus filhos comerem. Se não querem, convença-se de que não estão com fome e pergunte se desejam que você guarde a refeição para mais tarde. Ponha a comida deles na geladeira e esqueça o caso. E não os obrigue a comê-la no café da manhã, a menos que queira desencadear uma verdadeira guerra.

Medidas práticas

✓ Problemas na hora das refeições podem ser minimizados quando se ensina aos filhos algo sobre nutrição e sobre a importância dos alimentos (reuniões de família regulares, semanais, são a melhor ocasião para isso). Descubra o que gostam de comer e deixe que participem do planejamento de cardápios e até mesmo de sua elaboração.

✓ Convença-os a experimentar determinados alimentos de que não gostam; especialistas afirmam que crianças podem ter de experimentar um alimento novo muitas vezes antes de começar a gostar dele. Também tente não ter petiscos demais em casa, para que seus filhos não saciem a fome com eles.

✓ Crianças geralmente querem um lanche quando chegam da escola, mas, quando farto demais, o lanche se transforma em jantar. Ajude seus filhos a descobrir o quanto é necessário comer para agüentar até a hora da refeição.

O que fazer

✓ Sirva uma variedade de alimentos em cada refeição. Na pior das hipóteses, irá aumentar a probabilidade de encontrar um alimento de que seus exigentes filhos gostem.

✓ Mantenha a conversa à mesa agradável — essa não é boa hora para ensinamentos ou reprimendas, mas para os prazeres do convívio em grupo. Transforme as refeições em experiência positiva para a família, e seus filhos estarão esperando por elas.

✓ Oportunamente, promova jantares especiais. Estenda uma toalha colorida sobre o chão da sala e faça um piquenique; ou prepare um jantar formal na sala de jantar, completo, com velas e louça fina. Isso irá reforçar a idéia de que refeições podem ser prazerosas.

O que não fazer

✗ Não comente a todo instante se estão comendo bem ou mal.

✗ Não faça comida especial para o exigente (como frango para todos e filé mignon apenas para a Flávia). Isso gasta indevidamente seu tempo e sua energia, e passa para as crianças a mensagem errônea de que podem sempre ter tudo o que desejam, como se a vida fosse um hotel cinco estrelas...

✗ Não se torne obsessivo(a), contando colherada por colherada. Relaxe.

Não se preocupe

Nutricionistas afirmam que o alimento que seu filho comeu hoje é menos importante que a alimentação da semana toda: perder uma ou duas refeições ou deixar os brócolis de lado no jantar não é o fim do mundo. Avalie o imenso panorama a sua frente e respire fundo antes de se convencer de que seus filhos não estão comendo bem.

Para ter certeza absoluta, consulte regularmente um pediatra para verificar se seus filhos estão crescendo normalmente, sem deficiências de vitaminas e sem perda significativa de peso.

E lembre-se: é duro ver os filhos com fome, porém, fome é a conseqüência natural da recusa à alimentação, sendo, portanto, um poderoso mestre.

40
Os insaciáveis

"Só mais uma tigelinha! Juro!"

O comportamento

A maioria dos pais tem trabalho para fazer seus filhos comerem, mas alguns enfrentam o problema oposto: a criança que come (e come e come) até o ponto de ficar com evidente excesso de peso.

Não estamos falando de crianças com problemas hormonais, que devem ser tratadas pelo endocrinologista; referimo-nos às crianças que simplesmente não conseguem parar de comer. São crianças que se empanturram com bobagens, comem em excesso durante as refeições e se servem fartamente em festas. É como se o alerta "lotado" não estivesse funcionando — o fluxo de queijos, batatinhas e sorvetes não pára antes que os pais intervenham.

A criança com excesso de peso tem uma espada suspensa sobre a cabeça. As outras crianças — com sua incontida tendência à crueldade — caçoam dela impiedosamente. Mesmo adultos podem ser desrespeitosos com crianças "gordas". A criança com excesso de peso não pode competir com as outras nos esportes ou nas diversões, e tende a tornar-se retraída, com a auto-estima aniquilada. Quanto mais pesadas ficam, tanto menos interesse mostram por atividades físicas, o que pode desencadear um círculo vicioso.

Por que acontece

Pergunte a você mesmo: "Por que meu filho está gordo? Em nossa casa, valorizamos demais a esbelteza?". A ênfase na esbelteza pode produzir resultados opostos; uma criança com tendência natural a engordar talvez se desespere por nunca alcançar a meta da família, revoltando-se e comendo ainda mais. E há crianças rechonchudas porque foram mimadas: os pais, não querendo dizer *não*, deixam de impor limites à gula do filho ou simplesmente permitem que ele tenha tudo o que deseja.

Sua reação

Embora muitos pais de crianças insaciáveis adotem uma postura displicente ou permissiva diante da questão, a gula é um problema tão sério quanto a inapetência, e merece ser tratada com responsabilidade e interesse.

Sua estratégia

Não coloque em relevo a necessidade de perder peso. Faça seu filho entender qual a importância da alimentação balanceada e moderada para a saúde.

O que tentar primeiro

Antes de mais nada, fale com um especialista em nutrição para:

- ter certeza de que o excesso de peso de seu filho não é gerado por um problema físico;
- traçar um plano de alimentação seguro e exeqüível; lembre-se, dietas — sobretudo para adolescentes — podem levar a extremos.

Em seguida, envolva seu filho no esquema de uma dieta sensata. Se ele tem oito anos ou mais, explique-lhe algo sobre alimentos e nutrição. Por exemplo: o que é um sorvete de baixa caloria e onde é vendido; como um iogurte desnatado pode substituir as guloseimas. Verifique se o posto de saúde mais próximo mantém algum programa de orientação nutricional; você mesmo pode aprender algo sobre alimentação saudável.

Em seguida, convença seu filho a concordar com uma perda de peso a longo prazo, viável e planejada. Mas não se transforme em fascista da nutrição, eliminando *todas* as coisas boas — deixe que coma doces em aniversários e em outras ocasiões especiais. Beliscar de vez em quando faz parte da vida...

Medidas práticas

✓ Como todo adulto que tentou perder peso sabe, *motivação* é a chave para o cumprimento de uma dieta. Se a criança não for motivada desde o início, o plano todo vai por água abaixo. Ela tem de entender que se trata de *seu* corpo; ela tem de *querer* perder peso. Ironicamente, quanto mais desconfortáveis ficam, pior se sentem a respeito de si mesmas e menos motivadas se sentem a emagrecer.

✓ Depois de convencer seu filho a ser responsável pela própria dieta, está na hora de *você* assumir sua parcela de responsabilidade. Tome consciência de que você é um exemplo para seus filhos. Dê uma olhada, boa e severa, em sua própria dieta e no que você mantém na despensa — livre sua casa das batatinhas fritas e dos brigadeiros. Tenha montanhas de frutas e vegetais em casa e diga a seu filho gordinho para se servir deles tanto quanto lhe apetecer. Se você tem condições, dê preferência ao preparo caseiro dos pratos — as comidas prontas muitas vezes são ricas em gordura e açúcar.

✓ Convença-se de que não é tarefa sua fazer seu filho feliz o tempo todo; a longo prazo, ter tudo o que deseja pode torná-lo infeliz. Gratificação imediata só satisfaz momentaneamente, existem muitos *nãos* na vida com os quais as pessoas mimadas têm dificuldade de lidar. Você quer realmente prestar um favor a seus filhos? Ensine-lhes autodisciplina.

✓ Muitos pesquisadores acreditam que fazer exercício é tão importante quanto o controle do consumo alimentar. Você pode ajudar seu filho, empenhando toda a família em alguma modalidade de atividade física. Deixe que ele presencie você fazendo longas caminhadas ou inúmeros abdominais. Verifique se não está usando desnecessariamente o carro. Desligue a tevê e estimule passeios com o cachorro ou idas a pé ao supermercado. Nadar pode ser uma excelente opção para crianças com excesso de peso. Encontre vias divertidas para definir um estilo de vida ativo: jogue frescobol ou participe de passeios ecológicos.

O que não fazer

✗ Não tente controlar o programa alimentar de seu filho. Ele tem de assumir a responsabilidade ou nada irá funcionar. Se você não parar de resmungar, ele pode se rebelar e voltar a beliscar comida. Trabalhem juntos para superar o problema.

✗ Não exagere. O peso normal de seu filho pode não ser tão baixo quanto você imagina.

✗ Não teça comentários negativos sobre o peso de seu filho; prefira palavras de estímulo como: "Você está realmente cuidando do que come" ou "Você está tentando, de fato, comer corretamente". Comentários como "Você ainda está bem gordinho" ou "Deveria se esforçar mais" somente irão fazê-lo sentir-se mal e procurar consolo na comida.

mãe está usando desnecessariamente o carro. Dê-lhe que a leve e estimule passeios com o cachorro ou ir a pé ao supermercado. Nadar pode ser uma excelente opção para crianças com excesso de peso. Encontre viabilidades para definir um estilo de vida ativo. Jogue frescobol ou participe de passeios ecológicos.

O que não fazer

x Não tente controlar o programa alimentar de seu filho. Ele terá de assumir a responsabilidade ou nada funcionará. Se você não parar de amarugá-lo, ele pode se rebelar e visar a beliscar comida. Trabalhem juntos para superar o problema.

x Não exagere. O peso normal de seu filho pode não ser tão baixo quanto você imagina.

x Não faça comentários negativos sobre o peso de seu filho, prefira palavras de estímulo como: "Você está realmente cuidando do que come", ou "Você está tomando, de fato, conta! corretamente". Comentários como "Você ainda está bem gordinho", ou "Deveria se esforçar mais", somente irá fazê-lo sentir-se mal e a procurar consolo na comida.

Encrencas na hora de dormir

Histórias
na hora
de dormir

41
Os invasores que chegam com a noite

"Este cantinho da cama é meu! Dá licença!"

O comportamento

Para os pais, o refúgio final dos sofrimentos e das tormentas da vida é sua aconchegante cama de casal. Envoltos em lençóis macios e doces sonhos, surpreendem-se, no meio da noite, com a invasão sorrateira daquele doce pimpolho que se vê no direito de compartilhar de seu reduto.

Por que acontece

Às vezes, crianças só querem afagos por algum tempo, mas com freqüência ouvimos relatos de crianças que literalmente tocaram a pontapés um dos pais (geralmente o pai) para fora da cama. E ao pai, trabalhador exausto, nada mais resta que se enrolar em uma coberta e ir dormir na cama do filho. O motivo pelo qual as crianças querem dormir com os pais é que se sentem seguras em sua cama. Muitas de suas ansiedades e de seus medos emergem durante a noite; se sentem que não podem dar conta sozinhas da situação, é natural que corram à procura de seus protetores.

Sua reação

Para a maioria dos pais que trabalham pesado, as invasões de cama são altamente incômodas. Ainda que, de vez em quando, seja agradável dormir ao lado de crianças, é preciso lembrar que elas são mais ativas que os adultos, mesmo durante a noite: contorcem-se, falam dormindo e mudam de posição a toda hora. Seja por um temporal, que assusta, seja pelo simples sentimento de solidão, uma invasão noturna do leito significa que ninguém irá dormir bem. Desanimá-los sem violenta batalha é tarefa delicada demais para se fazer no meio da noite.

Sua estratégia

Avise a seus filhos que você não vai abdicar de seus direitos sobre os únicos doze metros quadrados da casa que são exclusivamente seus.

O que tentar primeiro

O casal tem de estar em comum acordo quanto à decisão de os filhos não dormirem na cama dos pais. Diga a seus filhos, de maneira categórica, que, excetuados casos de emergência, vocês dormem em *sua* cama e eles dormem na *deles*. Ponto. Veja nisso a extraordinária oportunidade de ensinar a seus filhos o respeito ao direito do próximo.

Medidas práticas

- ✓ Como em todas as situações, pais têm de ser firmes e objetivos. Em tom de voz comedido, explique a seus filhos que, se eles forem para a cama do papai e da mamãe durante a noite, você irá recolocá-los no lugar. É difícil ser firme quando se está sonolento(a); mas ceda uma vez e pode esperar aquela terrível batidinha no ombro em muitas noites seguintes.

- ✓ Garanta a proteção de seu espaço. Alguns pais não sabem que seus filhos "escorregaram" para sua cama senão pela manhã. Coloque algo que faça barulho em sua porta quando for aberta, como um sino de vento. Antes prevenir que remediar...

- ✓ Se você acha cruel negar a seus filhos o conforto de sua cama, lembre-se de que cabe aos pais ensinar os filhos não só a dormir sozinhos, mas também a resolver seus próprios problemas e a encontrar formas mais independentes para se consolar. Afinal de contas, os adultos também acordam durante a noite, e precisam, de algum modo, recolocar-se no mundo do sono. Se seus filhos têm permissão de correr para os pais toda vez que acordarem no meio da noite, seu aprendizado de aptidões essenciais será adiado e dificultado.

PONTO-CHAVE. Não que você não goste da companhia de seus filhos — não é uma rejeição a *eles*. Explique-lhe que, na verdade, você está defendendo seu direito ao sono não interrompido, a sua própria cama e a um mínimo de privacidade.

Exceções

É compreensível que tempestades e doenças sejam tentações para romper as regras. No entanto, não importa o quanto reconfortadora seja por uma noite, a exceção pode exigir uma semana para ser eliminada. Você pode, no entanto, ficar com seu filho no quarto dele até a tempestade passar ou a febre ceder. Deixe claro que você estará por perto para defendê-lo contra infecções, problemas climáticos e o monstro que mora dentro do armário.

Claro, você não quer tirar de cogitação os afagos matinais. Enquanto não incomodam seu sono ou seu espaço, não abdique deles, pois essa é uma ocasião demasiado oportuna para carinho.

Outra exceção possível é a "cama da família", um fenômeno recente, em que a família inteira dorme junto. Nosso ponto de vista é: se você realmente quer dormir como se fazia no século XII, por que não?

42
Os "umidificadores" de colchão

Desalento noturno

O comportamento

A maioria dos pais simplesmente "adora" levantar no meio da noite, com a cabeça repleta de imagens oníricas e os olhos grudados de sono, para trocar uma cama encharcada de xixi. Crianças de dez ou onze anos também podem ter esses acidentes noturnos, que são particularmente embaraçosos quando dormem na casa de amigos.

Por que acontece

O mais importante a notar é que, em quase todos os casos, a criança não está molhando a cama intencionalmente. Não é por culpa dela. Pense a respeito: quem transformaria de propósito sua cama quentinha e aconchegante em uma esponja úmida e pegajosa?

Alguns estudiosos acreditam que crianças que fazem xixi na cama têm sono mais profundo do que outras e não "ouvem" o chamado da natureza. Outros acusam a genética ou um distúrbio de sono. Pode também ser um problema físico; portanto, você deve procurar um médico para lhe falar a respeito.

Sua reação

Os pais reagem com desapontamento ou com raiva. Pensam que seu filho *poderia* acordar para cuidar do assunto no local apropriado, mas não quer se dar a esse trabalho. Alguns pais até cogitam voltar às fraldas. Como você pode ajudar seu filho a controlar uma necessidade fissiológica durante a noite?

Sua estratégia

Não fique nervoso(a). Diga a seu filho que não é nada muito grave e que irá superar o problema.

O que tentar primeiro

Perceba, ele não o faz de propósito. Como não existe nada que fazer a respeito, acorde-o e coloque-o no banheiro antes de você se deitar.

Medidas práticas

✓ Restrinja a quantidade de líquidos que seu filho toma antes de ir dormir, a partir do fim do jantar.

✓ Faça-o ajudar a trocar a cama e a colocar os lençóis de molho, mais ou menos a partir dos quatro anos. Isso não o impedirá de urinar, mas ajuda a conquistar algum controle sobre a situação.

Amenizando o problema

Você está irritado(a) porque seu sono foi perturbado, mas não se esqueça de que a auto-estima da criança está arranhada pela circunstância e que isso pode ter conseqüências sérias. Seja gentil com seu filho; lembre que ele pensa haver algo de errado consigo mesmo e que já se sente suficientemente mal sem ser repreendido. Para a criança, é mais revoltante ainda quando os irmãos menores já não fazem mais isso. Para conservar a auto-estima desse filho:

- sempre seja encorajador(a): "Sei que não fez de propósito";
- não fique sisudo(a) por causa disso;
- explique que, com o tempo, isso passará.

PONTO-CHAVE. Um fato animador para os pais é que praticamente todos os casos regridem na adolescência.

43
Os renitentes

"Estou com sede... Estou com fome... Não consigo pegar no sono..."

O comportamento

É fim de dia. Você está exausto(a), assim como as crianças, mas elas ainda têm aquele resto inexplicável de energia para se levantar e sair correndo quando você acabou de colocá-las na cama. Por estranha coincidência, acontece toda vez que você está mais sensível. Justo quando você, agradecido(a), cai exausto(a) no sofá, pensando que o trabalho do dia está terminado, um anjinho aparece ao pé da escada, com um sorrisinho diabólico. Outros, multiplicam os pedidos de água ou de comida ou simplesmente se recusam a ir para a cama.

Por que acontece

Pedir água ou induzir você a caçá-los pela casa e recolocá-los na cama é um caminho excelente para atrair sua atenção. Por outro lado, uma criança que continuamente se recusa a ir dormir pode estar disputando o poder com os pais.

Sua reação

Você tentou a cartilha toda, desde calmas e suaves ponderações a respeito do que foi combinado, mas nada funcionou. A noite está se tornando tudo, menos repousante.

Sua estratégia

O fato é que crianças gostam de rotina, pois lhes garante segurança e proteção. Portanto, estabeleça uma rotina e atenha-se a ela.

O que tentar primeiro

Entre em acordo a respeito da hora de dormir (para crianças abaixo de cinco anos, você terá de estabelecer o horário). Decidam juntos a que horas você vai preparar o banho, ler uma história e apagar as luzes. Digamos que o horário de ir para a cama seja às 20 horas. Prepare o banho às 19h15 e avise-as quando estiver pronto. Você não tem de ser um sargento, apenas seja firme. A conseqüência lógica, se ficam vagando pela casa e não entram no banho, é perderem o banho. Não repita o chamado, ou ralhe, ou ameace. Apenas, resolutamente, siga para o próximo item da rotina. Pode ser que você tenha determinado quinze minutos para ler história. Se vadiarem, o capítulo desta noite de *Chapeuzinho Vermelho* será cancelado. O mesmo acontece para a mais sagrada das refeições da infância: o lanche da hora de dormir. Exatamente às 20 horas, as crianças são colocadas na cama e as luzes são apagadas, não importa em qual ponto da rotina estão. Pode levar algum tempo até se acostumarem, por isso conte com algumas noites de raivoso descrédito. Pode ser até necessário deixar que durmam com a roupa de brincar. O segredo está em evitar ficar irritado(a) por suas táticas ingênuas ou ardilosas. Tão logo entendam que você não vai gastar duas horas para colocá-las na cama, irão mostrar-se mais dispostas a seguir a rotina. Depois disso, a noite pertencerá novamente a você.

Medidas práticas

✓ A chave é ser gentil e firme. Deixe as crianças saberem exatamente o que podem esperar de você. Se gostam de pedir um copo d'água depois que você as colocou na cama, deixe um no quarto.

✓ Deixe bem claro que, depois das vinte horas, você vai afundar no sofá e, logicamente, estará impossibilitado(a) de ajudá-las (a menos que a casa pegue fogo).

✓ Uma criança menor pode mesmo gritar para se embalar no sono durante uma ou duas noites, mas fique firme e fiel às suas armas.

A criança obstinada

Nunca argumente com uma criança que está disputando o poder — é exatamente o que ela quer. Em vez disso, use um dos dois métodos seguintes:

1. Se ela desce as escadas, finja que é uma criança invisível. Assista à tevê, leia um livro e converse com seu cônjuge, mas ignore a criança. Isso tira toda a graça para elas. Não existe recompensa, porque a criança foi à procura de luta e encontrou a indiferença. Se tentar "escalar" você ou atirar objetos para conseguir sua atenção, pegue um bom livro e vá ao banheiro, trancando a porta. Talvez ela se canse e vá finalmente para a cama.

2. Ofereça uma escolha: ela pode ficar em seu quarto com a porta aberta e a luz do corredor acesa ou, se continuar saindo da cama, você vai fechar a porta do quarto. A maioria prefere a porta aberta. Enquanto acordada, pode ler, cantar ou ouvir música baixinho, mas não sair da cama.

Escândalos em público

44
O birrento

"Quero algodão-doce! E quero já!"

O comportamento

Se você não pode comprar um litro de leite sem que seu filho queira metade do balcão de doces ou não pode voltar para casa, depois de uma curta ausência, sem um brinquedo, então você tem um filho birrento.

Por que acontece

Estamos cercados por toda espécie de produtos maravilhosos, e nosso desejo de consumo é estimulado por propaganda hábil e sedutora. Crianças são especialmente suscetíveis à nossa cultura consumista. Depois de uma "sessão de hipnose" diante da tevê, a cabeça delas está repleta de imagens dos últimos brinquedos e das palavras de ordem: "Peça à mamãe e ao papai para comprar um hoje!". Elas podem — com rapidez assombrosa — cobiçar um lápis com borracha em forma de abóbora com a mesma intensidade com que você cobiça um automóvel zero. Além disso, não compreendem nada de preços — vêem a coisa e a desejam. Se você compra, pensam: "Oba! A vida é fantástica! Tudo que tenho a fazer é chorar e armar um estardalhaço de primeira ordem e, pronto, consigo o que quero. Mesmo que não seja imediatamente, eles acabam cedendo e comprando".

Sua reação

Hoje, muitos pais dão aos filhos tudo o que pedem. Isso porque muitos de nós — sobretudo os que trabalham e se sentem culpados por não passarem tempo bastante com os filhos — estamos preocupados demais em fazer nossos filhos felizes. Queremos comprar o mundo para eles, e não suportamos vê-los frustrados. Ironicamente, fazendo sempre a vontade deles, podemos estar tornando nossos filhos infelizes — é difícil vivenciar a satisfação quando tudo chega com demasiada facilidade. O prazer deles está em *receber*, mas esse prazer passageiro somente os lança numa voragem emocional em que a próxima "conquista" toma o lugar de toda satisfação.

Todos gostamos de possuir coisas, mas como ensinar nossos filhos a desenvolver o autocontrole em um mundo cada vez mais consumista?

Sua estratégia

Lembre-se de que crianças que recebem menos apreciam mais.

O que tentar primeiro

Forme um ambiente em sua casa no qual idéias e caráter sejam mais importantes do que bens, um ambiente em que exista equilíbrio entre a execução caseira e a aquisição de artigos prontos, um ambiente no qual *dar* presentes é tão importante quanto *receber*.

Medidas práticas

✓ Ensine a seus filhos o valor do dinheiro e como economizá-lo. Institua uma mesada (veja o Capítulo 25, a esse respeito). Deixe que economizem para comprar, eles mesmos, o que desejarem. Permita que vivenciem o significado de *não ter* alguma coisa. (É fato comprovado que, nos Estados Unidos, as meninas têm, em média, *oito* bonecas Barbie.)

✓ Ocasionalmente, assista a programas de tevê e a comerciais junto com seus filhos (não todo o tempo, ou você estraga o prazer deles) e fale a respeito de como a propaganda manipula as pessoas, induzindo-as a comprar coisas desnecessárias. Fale sobre discernimento e outras qualidades que precisam desenvolver para evitar serem passivamente empurrados até o *País das próximas mil maravilhas*.

✓ Induza seus filhos a confeccionarem presentes e cartões em vez de comprá-los. Estimule-os a dar algo para você, como uma troca. Dar faz com que nos sintamos bem, mas crianças raramente são incentivadas a isso.

✓ Faça caridade. Participe de campanhas sociais e faça trabalhos voluntários para instituições beneficentes. Leve as crianças para fazer coletas durante campanhas de agasalho ou de alimentos para os necessitados. Estimule-as a doar brinquedos usados para crianças carentes.

✓ Seja um modelo que seu filho possa copiar. Dê uma olhada em seu próprio consumismo. Se sempre compra presentes para você, a fim de agradar a si próprio, por que seus filhos não deveriam fazer o mesmo? Em vez disso, corte um par de calças velhas para fazer um calção — deixe que vejam você reciclando coisas velhas e aproveitando com criatividade o que for possível.

✓ Não faça muito alarde em torno de novas aquisições: "Oh! Você está tão lindo em seu *novo* macacão!". Esse tipo de comentário fomenta um insaciável desejo por coisas novas. Não é salutar que você dê muita importância a etiquetas de moda — algumas crianças só querem usar determinada marca como sinal evidente de sua ascensão ao mais alto escalão do consumismo.

PONTO-CHAVE. Construa seus próprios prazeres. Como qualquer um que passou por um período de dificuldades financeiras sabe, quanto menos se tem, tanto mais criativo se fica. Compre a boneca da moda para sua filha, mas sugira que ela mesma faça as roupas, os acessórios e os cenários para a boneca. Forneça a seus filhos uma caixa cheia de tubos de toalhas de papel, retalhos de tecidos e de papel, material de pintura e cola, para que possam confeccionar seus próprios fantoches. Providencie uma caixa de papelão bem grande (como de uma geladeira, por exemplo) para usar como teatro de fantoches. Na realidade, uma imensa caixa de papelão é o melhor brinquedo que já foi inventado.

45
O teatral

"Distinto público, o espetáculo vai começar!"

O comportamento

O cenário não importa — o supermercado, o estacionamento ou a calçada — desde que seja público. Rosto vermelho e guinchos estridentes, com toda a força dos pulmões, os pequenos atores recusam-se a sair do lugar, atirando-se ao chão. Quando realmente bem treinados, conseguem juntar uma multidão. E quantas refeições em restaurantes são arruinadas — não apenas para você, mas para todos os presentes — por um ator de dois anos em cena?

Por que acontece

Se seu filho realmente está a fim de ganhar a luta pelo poder, o melhor palco para sua atuação é um local público, no qual você está mais vulnerável — e eles sentem isso. Restam poucas opções sociais para os pais. Bater ou arrastar pelo braço é abusivo e apelar para uma doce argumentação é ineficaz e ridículo. Não, vamos encarar: se seu filho escolheu a arma do "espetáculo público" e não for refreado, você estará perdido(a).

Sua reação

Só existem três maneiras de interromper um espetáculo público: tratamento áspero, verbal e físico; dar a ele o que quer; ou levá-lo para casa. A maioria dos pais recorre a uma das duas primeiras opções, que não funcionam a longo prazo.

Sua estratégia

A chave é a prevenção. Excesso de estímulo ou passeios quando estão cansados é pedir complicações.

O que tentar primeiro

Não há muito o que fazer quando alguém de três ou quatro anos toma conta da cena, no meio do supermercado, e começa a berrar pela pipoca. Não pense em *tratamento ideal* — ele não funciona. O pequeno escandaloso quer a pipoca e está pronto a consegui-la a qualquer preço. Dê a ele uma escolha: ou se acalma ou vocês vão embora. Se não parar, pegue-o *sem raiva* (e essa é a parte difícil) ou segure-o pela mão e vá para casa. Explique que ele não pode sair com você até que aprenda a se comportar em público.

Arranje uma babá ou o deixe com amigos na próxima vez em que tiver de sair. O mais importante é conseguir que *ele* diga a você quando quer tentar novamente. Tenha confiança, ele saberá quando estiver pronto.

Medidas práticas

✓ Talvez o pior lugar para uma cena em público seja um restaurante. Quanto mais novas, tanto mais difícil é as crianças se sentarem à mesa durante duas horas. Chegue preparado(a) com montes de distrações, como cadernos para colorir e jogos de montar. Sempre inclua as crianças na conversa. Escolha locais barulhentos, nos quais é preciso se calar para ouvir. De antemão, garanta que todas as crianças conheçam as regras. Se permanecerem agindo à moda delas, retire-as do local pelo bem-estar de todos. Você precisa estar preparado(a) para terminar sua refeição em marmitas de viagem, mas as crianças vão aprender com isso. Lembre-se de que elas também não querem voltar logo para casa. Se você levar o assunto a sério, e as crianças tiverem certeza disso, poderão jantar em restaurantes refinados, com toalhas de linho e louça chinesa, quando elas tiverem seis anos.

✓ Evite excesso de estímulo. Apesar de as crianças gostarem de excitação, é surpreendente a rapidez com que se cansam com o excesso. Para evitar sobrecarga de voltagem, não planeje um programa extenso demais a cada saída. Uma hora de passeio geralmente é o suficiente para qualquer criança pequena. Definitivamente, não as obrigue a dois passeios estimulantes — McDonald's e cinema.

✓ Prepare-as para a vida em público estabelecendo normas: não correr, não chorar pedindo coisas etc. Pergunte a elas se são capazes de lidar com isso.

✓ Evite as compras impulsivas junto com as crianças. Decida (com elas) o que vão comprar *antes* de entrar na loja. Com isso, você reduz a possibilidade de pedirem coisas não combinadas e de extrapolarem quando não as recebem.

✓ Solicite a ajuda das crianças. No supermercado, peça que coloquem batatas no saquinho. Na loja de departamentos, pergunte se acham que a vovó gostaria daquela cor de calças. Isso funciona especialmente bem para os filhos "teatrais", que, assim, recebem a desejada atenção (positiva).

PONTO-CHAVE. Não ceda apenas para que seu "pequeno ator" fique quieto, ou você estará reforçando o mau comportamento. Essa é a parte mais dura, mas as crianças podem sentir que você age de maneira diferente em público e são bastante espertas para tirar vantagem disso.

46
Os viajantes impossíveis

Problemas no banco traseiro do carro

O comportamento

Nada mais desanimador que enclausurar toda a família num espaço reduzido, sobre rodas, durante sete a oito horas. As crianças, que ainda não desenvolveram a capacidade dos pais de ficarem sentados por longo tempo, sentem-se presas em uma jaula durante viagens prolongadas de carro. Também parece que a bexiga dos pequenos encolhe misteriosamente; então choram, ficam inquietas e pedem para ir ao banheiro a cada cinco minutos. A luta ágil e ruidosa, que normalmente ocorre no pátio da escola ou num quarto da casa, é desencadeada atrás de sua nuca, enquanto você dirige o carro a cem quilômetros por hora. Palavras ofensivas e caixas vazias de sucos voam sobre sua cabeça.

Por que acontece

Porque as crianças vivem o momento, não têm compreensão para conceitos abstratos como "mais tarde". Uma conseqüência disso é às vezes lhes faltar paciência. Anseiam por chegar ao destino, então se sentem enjauladas, com nada além de sua ilimitada e inquieta energia a distraí-los.

Sua reação

O mau humor é inevitável quando você tenta educar as crianças e guiar ao mesmo tempo. Pior, apenas metade de sua atenção está na estrada. Quando as crianças entram em ação no carro, o caso não fica apenas irritante, mas perigoso.

Sua estratégia

Pare o carro e recuse-se a seguir viagem até que todos se acalmem e ajam de maneira no mínimo civilizada.

O que tentar primeiro

Pare de dizer a elas o que devem fazer e conte-lhes o que *você* vai fazer. A maravilha dessa abordagem é você se mostrar decidido(a) enquanto transfere a responsabilidade a elas. É a clássica mensagem de autoridade — uma dessas é melhor do que dez reprimendas do tipo "Cale a boca, pare de chorar alto!" ou "Fique quieto no seu lugar!".

Você pode dizer às crianças "Não quero provocar um acidente, por isso vou parar até que a situação volte a ficar segura", ou simplesmente desviar para o acostamento (a reação ideal quando crianças resolvem soltar os cintos de segurança). Crianças são espertas; sabem por que você está parando.

DICA. Planeje algumas paradas durante a viagem. Realmente ajuda quando as crianças estão muito ansiosas para chegar ao destino.

CUIDADO! Ao fazer uma parada repentina, não vire a direção sem observar para onde está indo. Pegue a primeira saída ou estacione em trechos mais largos do acostamento. Paradas em lanchonetes à beira da estrada costumam ser mais seguras.

Medidas práticas

✓ Geralmente, o primeiro tempo da luta na estrada inclui ataques sobre o assento ou perigosas aproximações às janelas. Previna isso decidindo com antecedência — na reunião de família — quem senta onde. Pode ser que as crianças apresentem algum plano de rodízio. Não os leve a parte alguma antes que um trato tenha sido estabelecido. Reserve bastante tempo, para que as crianças possam organizar o problema dos lugares sem pressa. E lembre: a decisão é responsabilidade delas, não sua.

✓ Ser pai ou mãe também significa ser o motorista das crianças. Você pode recusar-se a guiar até que as coisas estejam sob controle. Caso esteja transportando filhos de outras pessoas, lembre-se de avisar os pais de que talvez vocês se atrasem um pouco.

DICAS. Para evitar que as crianças se tornem um transtorno durante viagens longas, uma programação é imprescindível:

- Reconheça a facilidade de enfado de seus filhos, fazendo paradas freqüentes e percursos interessantes. Considere que uma viagem de oito horas talvez se estenda para dez na companhia deles.
- Leve *video games* portáteis, brinquedos e bonecas.
- Leve livros e fitas, especialmente "livros falados".
- Leve sanduíches, frutas e água para beber (água derramada não é problema, mas sucos e leite podem detonar o estofamento).
- Faça brincadeiras tradicionais, que têm entretido crianças do mundo todo durante décadas, como cantar músicas divertidas ou propor adivinhas e jogos de palavras.

Para além do núcleo familiar

47
Avós

Os corruptores
O comportamento

Quantas vezes você já ouviu isto: "É obrigação dos avós corromper seus netos."?

Eles não estão zombando. Não há dúvida de que os avós amam os netos. A encrenca começa quando tentam fazer mais do que demonstrar seu amor. Alguns avós criticam a maneira pela qual os pais estão educando os filhos: "Não foi assim que educamos você, e você deu certo". Ou como os vestem — geralmente reclamam da falta de meias. Você morde a língua para se conter quando repetem lugares-comuns, como "Joãozinho vai ser médico quando crescer e a Ciça vai ser enfermeira". Entopem seus filhos com açúcar e compram tudo o que pedem. Você passa os dias ensinando aos filhos o que é certo e errado, selecionando cuidadosamente as conseqüências de cada ato, tentando ser coerente, para que seus pais destruam o programa educacional todo num simples fim de semana de noitadas e torrentes de doces. Não que isso chegue a ser surpreendente — é só juntar quaisquer três gerações e haverá conflito suficiente para manter ocupada toda uma equipe de psicanalistas...

Por que acontece

Os avós têm prazer nisso, é só. Favorecem seus netos preferidos sem medir as conseqüências. E, depois de terem educado você "tão bem", já há algumas décadas, eles provavelmente se sentem especialistas no assunto e *deveriam* ser capazes de ensinar a você como educar os filhos.

Sua reação

Honestamente, você quer que seus filhos tenham uma boa relação com os avós, mas a tensão está se tornando insuportável.

Sua estratégia

Ultimamente, você não consegue controlar a relação de seus pais com seus filhos, então, cuide de sua própria obrigação.

O que tentar primeiro

Voltemos um pouco. Seus filhos desejam e merecem um relacionamento com os avós. Você tem de se conscientizar: a relação é *deles*. Acredite: eles são capazes de cuidar de tudo (ou de quase tudo) sem a sua eterna proteção. Na verdade, seus filhos provavelmente podem entender mais, deixar passar mais e perdoar mais do que você pode.

DICA. Se a interferência dos avós é desgastante demais, veja-os com menos freqüência. Passe o tempo com outras pessoas, assim o efeito dos avós sobre seus filhos será minimizado.

Medidas práticas

✓ Examine bem as suas razões. Observe se não está sendo excessivamente crítico(a) em relação a seus pais. Pode ser que você ainda esteja disputando o velho jogo do poder e arrastando seus filhos para ele. Às vezes, você pode aprender com uma abordagem diferente. Além disso, avós amorosos quase sempre enriquecem a vida da criança.

✓ Encare o fato de que você não precisa necessariamente mudar a atitude de seus pais mais do que eles mudam a sua. E, por falar nisso, se eles estiverem abertos ao diálogo, você poderia tentar conversar com eles sobre o assunto.

IMPORTANTE DICA SALVA-VIDAS. Enquanto está dando a seus pais explicações sobre suas teorias de educação infantil, tente não insinuar que está decidido(a) a educar seus filhos de modo muito diferente do deles, porque *eles* realmente se esforçaram quando educaram *você*. Se ambos são do tipo *extremamente* receptivo a novas idéias, leve-os para um curso de educação e dê a eles um ou dois livros sobre o assunto.

48
Vizinhos

Quando o muro se transforma em *front*

O comportamento

A palavra "rixa" significa algo para você? Com exceção de um *heavy metal* insuportavelmente alto, nada pode causar problemas entre vizinhos com tanta rapidez quanto crianças. Seus filhos podem atacar o garoto dos vizinhos com uma enxurrada de perguntas inconvenientes ou cometer crime hediondo contra o canteiro de azaléias *deles*. E alguns vizinhos acham perfeitamente aceitável educar *seus* filhos, enquanto você adoraria educar os filhos *deles*.

Por que acontece

A relação entre vizinhos e crianças é muito delicada. Pessoas que moram ao lado não são propriamente estranhos e, na realidade, podem estar bastante próximos. A constante interação entre o "baixo escalão" pode causar atrito se as normas básicas não forem bem determinadas.

Sua reação

Você fica dividido entre o desejo de proteger seus filhos e a vergonha de estarem incomodando os outros. O sapato também pode estar no outro pé: você acredita que os filhos dos vizinhos poderiam ser enviados para um campo de treinamento militar. Mas, manipular os filhos dos outros por cima do muro pode ser complicado. Se você não pretende mudar de residência, o que deve fazer, como bom vizinho?

Sua estratégia

Ensine seus filhos a serem vizinhos atenciosos. Quando crianças vizinhas vão brincar em sua casa, faça-as entender que, ali, elas devem seguir as suas regras.

O que tentar primeiro

Depois dos familiares mais próximos, vizinhos são, em geral, as pessoas mais importantes na vida social das crianças. É fundamental e desejável se dar bem com eles. Isso significa que todos precisam tentar entrar em acordo. Alguns pais se envolvem demais na vida de seus filhos. Apesar de ser útil estar atento(a) a tudo, é recomendável manter-se o mais distante possível das querelas infantis, a menos que você esteja suspeitando de abusos sérios. Deixe seus filhos elaborarem sozinhos a solução para os problemas deles.

Além do mais, esse tipo de problema representa ótima oportunidade para aprenderem a se relacionar com as pessoas — quer dizer, se você estiver disposto(a) a permitir que isso aconteça. Se seus filhos ficarem temporariamente banidos do gramado vizinho, deixe que vivenciem a punição — eles têm de aprender a respeitar as regras alheias. Sem tomar o partido deles toda vez que ocorre um mal-entendido, você deve ensiná-los a se defender. Quando, no entanto, o caso se torna grave ou crônico, está na hora de marcar uma reunião para tratar dos problemas.

Medidas práticas

Converse com seus filhos (deixando claro que está realmente disposto(a) a ouvi-los) para identificar o problema e algumas soluções possíveis. Depois, convide os vizinhos e os filhos deles para uma visita. Escolher o momento certo, aqui, é importante: não tente falar com os vizinhos enquanto ainda estão com raiva. Deixe que se acalmem e não alimente expectativas muito grandes, ou o ressentimento ficará enraizado. Aqui está como conduzir uma reunião bem-sucedida:

✓ Mantenha a informalidade. A reunião pode ser até mesmo no jardim de sua casa.

✓ Não transforme o evento em confronto. Não culpe ninguém, não importando o quanto esteja com a razão ("Afinal de contas, seu filho bateu no meu com um tijolo!"). Tente iniciar a conversa de modo civilizado: "Percebemos que houve um problema entre nossas crianças. Gostariam de falar a respeito?". Não se envolva em debates — afinal, alguém tem de ser adulto.

✓ Uma vez que todos tenham entrado em acordo sobre o problema, passe às sugestões de possíveis soluções. Permita que as crianças também participem da busca de alternativas. E lembre-se de que sempre existe o outro lado da história.

✓ Se ambas as famílias têm filhos, tente um acordo sobre normas básicas que resguardem os direitos de todos.

DICA. Explique às crianças dos vizinhos as normas de sua casa, esclarecendo quais são as conseqüências do desrespeito a elas. Por exemplo: "Se você não ficar fora do canteiro de flores, vai ter de ir para sua casa".

49
Pais "solteiros"

Quando não há culpa que baste

O comportamento

Muitos casais pensam no que aconteceria se um deles não estivesse presente para ajudar a educar os filhos. Pais ou mães sem parceiros(as) *sabem* como é isso. O tempo se transforma em objeto mais precioso que ouro — tempo para um mínimo de horas de sono ou para alguns gloriosos minutos de banho.

E sempre existe o sentimento de culpa. Se têm uma profissão, as mães que criam seus filhos sozinhas podem tentar ser tanto "a melhor mãe do mundo" quanto "a profissional do ano". Preocupam-se em passar tempo suficiente com seus filhos para dar-lhes a atenção e o amor necessários, e muitas vezes chegam a exagerar no mimo para que não se sintam abandonados nas mãos de outras pessoas. Se é um pai viúvo ou divorciado que está criando os filhos, pode sentir-se duplamente culpado: por não passar tempo suficiente com eles e por estarem crescendo sem a presença da mãe.

Depois de um duro dia desempenhando sozinho(a) o trabalho que *duas* pessoas consideram exaustivo, você está quase com tanta pena de seus filhos como de si mesmo(a). Você precisa de ajuda.

Sua estratégia

Resista ao impulso de mimar seus filhos por causa do sentimento de culpa.

O que tentar primeiro

Não tente compensar o *seu* sentimento de culpa com excessos ou permissividade: presentes desnecessários, proteção exagerada e falta de limites. Essa postura gera em seus filhos sentimentos de autopiedade e expectativas irreais: "Coitado de mim! Sou diferente das outras crianças. Por isso eu posso fazer tudo o que quero e conseguir tudo o que desejo".

Medidas práticas

Encare a situação. Você e seus filhos estão juntos nesse barco. Seria bom para você — e ótimo para seus filhos — que eles tivessem consciência disso, e assumissem a parcela que lhes cabe. Claro, parece fácil, mas é muito difícil fazer isso na vida real. Veja a seguir algumas dicas para um pai ou mãe solitário(a) fazer da vida uma experiência positiva em vez de um fardo esmagador.

O que fazer

✓ Levante a cabeça e atenha-se às rotinas. Rotinas são eficientes e dão a seus filhos os parâmetros de que precisam. Não lhes permita (ou mesmo a você) desvios das normas estabelecidas só porque *você* tem sentimento de culpa.

✓ Deixe seus filhos saberem — sem se transformar em mártir — que você trabalha duro e precisa de ajuda. Uma das mais esquecidas qualidades das crianças é *adorar* ser útil.

✓ Agende reuniões de família com regularidade. Aproveite-as para definir em conjunto, como uma equipe, problemas e rotinas.

✓ Atente para os sinais de estar chegando a seu ponto de exaustão. Para impedir que isso aconteça, reserve um tempo para você, não importa o quanto seja difícil. A tensão de se responsabilizar por tudo pode levá-lo(a) a exageros e a decisões incompetentes. Tire o telefone do gancho, desligue o celular e peça a seus filhos que — a menos que sintam cheiro de fumaça ou que Papai Noel venha lhes fazer uma visita cordial — não interrompam seu longo e relaxante banho de hidromassagem na próxima paradisíaca hora. Habitue-os ao fato de você desaparecer durante uma hora, em determinadas noites. Se isso não funcionar, leia o parágrafo seguinte.

✓ Mantenha um grupo amplo de relações entre parentes, amigos e outras mães ou pais — pessoas de confiança e de pulso firme. A vida é uma estrada de mão dupla, portanto certifique-se de também estar ajudando a seus amigos. Crie um sistema de intercâmbio com outras mães ou pais na mesma situação. Você pode até pensar na possibilidade de morar junto com outra família de pais "solteiros".

✓ Organize um grupo de apoio a pais solitários na vizinhança.

✓ Procure a ajuda de um psicólogo ou de um grupo de aconselhamento à família, se começar a sentir seus filhos como um tremendo fardo.

✓ Faça um curso para pais. Criar filhos é o emprego mais importante que qualquer um de nós pode ter. Aprenda os macetes necessários a um bom desempenho.

✓ Faça uma lista de prioridades. Todos precisam disso, mas pais "solteiros" necessitam dela mais do que outros. Não tente ser perfeito(a) e fazer tudo. Pode ser que não exista necessidade de arrumar as camas todos os dias... Pense nisto: ninguém morre porque uma casa que fica vazia a maior parte do dia está com os quartos desarrumados. Limite-se ao que é realmente importante.

O que não fazer

✗ Não tente compensar a sua ausência com doces e privilégios especiais para seus filhos.

✗ Não permita que quebrem a rotina da família: "Quero ficar acordado até tarde para ver você". É difícil resistir a pedidos como esse, mas, se necessário, resista. As crianças intuitivamente sabem como tocar em seu sentimento de culpa. Seja como for, elas precisam de horas suficientes de sono.

✗ Não tenha pena de seus filhos porque eles só têm por perto um de seus pais. A piedade é desalentadora e faz eles terem dó de si.

Vantagens de pais "solteiros" (sem ironia)

Acredite ou não, famílias com apenas um dos pais podem, hoje, funcionar melhor que o clássico modelo "casal". Eis como:

- Pais sozinhos podem manter excelente relacionamento com seus filhos.

- Muitos pais e mães sós (e o número cresce a cada dia) estão tão ocupados, que literalmente não têm tempo para desperdiçar com atenção excessiva aos filhos. Isso impossibilita o mimo e resulta em maior independência das crianças.

- Muitos casais discordam entre si sobre a educação dos filhos. Se você é só, fica mais fácil ser firme, pois ninguém irá desacatar sua autoridade.

- Se você não os mima, seus filhos irão colaborar e ajudar, reconhecendo que há dias que você trabalha demais.

- Você terá um sentido mais amplo de missão cumprida quando finalmente a tiver realizado.

50
Padrastos, madrastas e suas famílias

O caminho de Cinderela
O comportamento

Constituir uma família adotiva é um procedimento pleno de riscos. É surpreendente pensar em quantas são as probabilidades de dar errado e, há quanto tempo, famílias assim já se formaram com sucesso. Seja lá qual for a sua história pregressa, se você não tiver cuidado, sua estréia em construir uma nova família pode lembrar um mergulho em água fervente. Para começar, seu filho adotivo pode não reconhecer a sua autoridade — ele se deliciava em ter papai e mamãe juntos, só para ele, e agora *você* apareceu. Por outro lado, pode ser que você não goste dele ou de seus hábitos — talvez ele vá se deitar às 23 horas, e você acredite que um menino de oito anos deva ir para a cama às 20 horas. Se você está trazendo a sua própria família para essa nova relação, os problemas se multiplicam em proporção geométrica.

Por que acontece

A família é a fortaleza que nos protege de um mundo em constante mudança e eventualmente hostil. É uma cisão muito violenta quando algo altera o perfil familiar. Como personagem que está ingressando em uma história já iniciada, você pode estar com as melhores intenções do mundo, mas o provável é que sua chegada seja vista como uma invasão.

Sua reação

Você tenta fazer o melhor, mas rejeição é sempre difícil agüentar. A nova família que se formou está tão carregada de conflitos emocionais e de subterfúgios, que viver em seu meio pode parecer parte de romance de folhetim. A questão é: como chegar a um final feliz?

Sua estratégia

Concentre-se na resolução dos conflitos e na qualidade da comunicação. Nunca as reuniões foram tão importantes para a felicidade de uma família.

O que tentar primeiro

Promova muitas reuniões, mas não pense que será fácil. Para se integrar uma nova família, serão necessárias toneladas de "pês": paciência, planejamento e problemas a resolver. E as reuniões — que devem envolver a todos — devem começar bem antes de vocês viverem juntos. Não é possível conseguir tudo nessas reuniões; elas são usadas para consolidar detalhes das novas rotinas e decidir quais das rotinas antigas podem ser mantidas. Tente manter as normas de que as crianças gostam, não vá chegando e transformando todo o universo delas. Quando tiver de fazer mudanças, faça-as da maneira mais delicada possível. Uma vez passado o primeiro e mais importante período, mantenha as reuniões de família semanais durante a vida toda.

Medidas práticas

✓ Dê a seus enteados o máximo de liberdade possível. Provavelmente, estão se sentindo oprimidos e abandonados — afinal de contas, como você se sentiria se seu filho de repente resolvesse sair e procurar outra família ou se ele trouxesse outra criança para casa, você gostando ou não? Tente entender o problema e os interesses deles. Leve-os a sério — e faça-os saber que você os compreende (veja as dicas de escuta no Capítulo 5); assim sentirão que têm a possibilidade de fazer mudanças ou de melhorar aquilo que eles percebem como errado.

✓ Se você está ocupando o lugar de pai ou mãe falecidos, não tente substituí-los. Sua missão é conseguir uma nova relação, com base no amor e no respeito mútuo.

✓ Descubra os interesses de seus enteados — escola, jogos, filmes etc. Tente encontrar divertimentos coletivos. Mas deixe por conta das crianças selar a paz. Procure por gentil. Se você não os pressionar, poderão descobrir que nem tudo é tão ruim quanto imaginavam.

Só amor não basta

Se amor fosse suficiente para educar os filhos, todas as famílias, em tese, viveriam sem problemas. Infelizmente, amar não é o bastante, e foi por isso que você leu este livro. Acreditamos que o amor tem de vir em primeiro lugar, mas em sua base devem estar a habilidade para a resolução de problemas, a firmeza, o respeito mútuo, a paciência e a capacidade de ser um bom ouvinte. E sabemos que é trabalho árduo ser um bom pai e uma boa mãe, mas *vale a pena*. De fato, acreditamos que ensinar aos pais as habilidades de que precisam constitui prioridade máxima, e tentamos, aqui, passar orientações da maneira mais clara e agradável possível.

Esperamos que a leitura deste livro tenha estimulado seu desejo de aprofundar-se no assunto. Então, leia outros livros e converse com amigos(as), a respeito. E, acima de tudo, participe de cursos para pais. Se não existe um em sua vizinhança, tente, junto com outros pais ou com sua comunidade, organizar cursos desse tipo. Pode vir a ser o melhor presente que você já tenha dado a si mesmo(a) e àqueles a quem mais ama.

Posfácio

Escrever este livro sobre criação de filhos foi interessante e compensador, mas ver pais e mães realmente usando o livro, desde a publicação, para resolver seus problemas familiares foi o máximo.

Vamos, primeiro, a alguns antecedentes: durante anos, antes de escrever *Conversa de pai e mãe*, estivemos conduzindo *workshops* para ajudar os pais a lidar com os problemas de educação infantil que praticamente todos eles estavam enfrentando. Sabíamos que, aplicando determinadas teorias gerais sobre a educação dos filhos (como as que foram desenvolvidas por Alfred Adler e Rudolf Dreikurs), esses pais e mães poderiam resolver ou, pelo menos, prevenir todos aqueles problemas. Mas havia muitos livros sobre essas teorias. O que achávamos necessário era um livro tão prático em que o leitor pudesse fazer consultas rápidas para obter soluções eficientes. Um livro que ajudasse pais e mães a encontrar e implementar soluções no ato e, então, continuar consistente na maneira de lidar com aquele comportamento.

Para chegar a isso, tivemos de identificar todos os comportamentos inadequados mais comuns. Saíram cinqüenta. Não só era um belo número redondo como, entre aqueles cinqüenta, jazia a causa subjacente de todos os dias difíceis que qualquer pai ou mãe já teve. Escrevemos *Conversa de pai e mãe* para lidar com esses cinqüenta desafios.

Assim como nossas experiências realizando *workshops* sobre criação de filhos nos levaram a escrever o livro, o uso que fizemos dele logo após sua publicação nesses *workshops*, nos permitiu testar diretamente em campo as lutas dos pais na educação dos filhos e sentir como era verdadeiro e praticável o que havíamos escrito. Tínhamos feito questão de incluir no livro as reações comuns a cada tipo de comportamento para que os pais pudessem se identificar instantaneamente com o problema. Uma das primeiras coisas de que nos conscientizamos foi perceber como esses problemas na realidade eram similares. "Você tem uma câmera escondida na minha casa?", foi um dos comentários que ouvimos com freqüência. Outro era: "Você parece estar descrevendo o meu filho". A segunda coisa que aprendemos foi o quanto os pais adoram falar sobre os seus problemas na educação dos filhos — talvez porque isso os ajude a não se sentirem tão sós. "A sua criança joga macarronada nas paredes? A minha também!".

Uma vez que os *workshops* geralmente acontecem no decorrer de uma série de semanas, foi possível verificarmos, também, como funcionavam as técnicas. Foi gratificante ver pais e mães que se encontravam com grandes problemas aparecerem na aula seguinte radiantes de prazer por terem conseguido evitar uma briga por causa dos brócolis, ou realizado a tarefa hercúlea de fazer com que seu menino ou menina fosse para a cama na hora certa. Foi também muito gratificante ver como às vezes era simples corrigir um comportamento que os estava deixando emocionalmente perturbados.

Um exemplo, que logo vem à lembrança, é o caso de uma mãe cuja filha de dez anos não queria se aprontar para a escola. Ela consultou o Capítulo 33, "O atrasado da escola — 'Já vou! Já vou! Estou indo... Estou chegando...'", e partiu para a estratégia de diminuir a pressão. Sem parecer zangada ou vingativa, ela levou o filho mais novo (que já estava pronto) para a escola a fim de que ele, pelo menos, chegasse na hora. Então desligou o celular para que a filha não pudesse ficar ligando enquanto ela dirigia o carro. Quando voltou para casa, a filha estava zangada por ter sido deixada para trás, mas a mãe não se alterou. Para sua surpresa, percebeu o quanto as crianças detestam chegar atrasadas na escola, algo que poderia usar no futuro. Para nós, admitiu que foi inconveniente ter de dirigir duas vezes seguidas até a escola, mas achou que tinha valido a pena. Isso porque, desde então, não teve mais de usar o mantra matinal "ande logo, você vai chegar atrasada!".

Outra mãe, que estremecia só de pensar em cada vez que tinha de entrar no meio da bagunça que era o quarto do filho pequeno, consultou o Capítulo 19,

"Quarto bagunçado — Cuidado, zona de perigo!". Então, resolveu contar a esse filho que, lamentavelmente, não lhe poderia dar um beijo de boa-noite e pô-lo para dormir porque tinha medo de tropeçar nos destroços. Além disso, sinceramente falando, não gostava de atravessar aquela espécie de pântano. Foi o bastante. Não querendo perder o que para ele era o momento que coroava o seu dia — o beijo de boa-noite da mamãe e ser ajeitado na cama —, o filho passou a subir freneticamente as escadas, todas as noites, logo antes da hora de dormir, para arrumar o seu quarto. Problema resolvido — sem brigas, sem chatices, apenas uma mãe carinhosa contando ao filho o que ela não tinha vontade de fazer.

Esse ponto parece ser um dos mais importantes. Os pais que vimos usar o livro encontraram consolo no conceito de que as crianças precisam ter limites e os pais precisam ser firmes com elas. Dizer às crianças o que vai fazer, e que o que vai acontecer depois é opção delas, torna-as responsáveis. Os pais nos contam que, mais freqüentemente do que eles teriam acreditado ser possível, seus filhos tendem a fazer a escolha correta. Por isso é que no livro afirmamos tantas vezes que os pais devem tentar pensar junto com os seus filhos para estabelecer as regras da casa — de preferência usando a reunião familiar.

Naturalmente, o sucesso nem sempre acontece de imediato, mas voltar àquele capítulo específico do livro para uma refrescada rápida na memória ajuda a manter o curso. Planejamos *Conversa de pai e mãe* para ser usado exatamente assim — como um guia de referência a ser levado por toda parte e consultado até que o problema seja vencido. Mas poderá ser consultado de novo, porque usualmente esses são problemas "crônicos". Não nos surpreendeu o fato de que a maioria dos pais com que nos deparamos tenha usado o livro dessa forma.

Como também somos pais, tivemos prazer em usar o livro para compartilhar com outros pais as vezes em que jogamos a cabeça para trás, miramos o céu e perguntamos, queixosos: "O que faço agora? Ignoro? Isso vai passar? É uma fase? São os hormônios? É minha culpa? Devo fazer alguma coisa ou só vou piorar as coisas?". Ouvimos até falar de pessoas que organizaram grupos de discussão sobre criação de filhos usando *Conversa de pai e mãe* como base. Gostam de descobrir que seus problemas não são nenhum tipo de aberração. E quando uma família faz progressos na solução de um problema, todos sentem que podem reverter situações ruins — que as coisas podem melhorar.

Há um número incontável de pais que nos agradecem pelo livro, mas talvez o retorno mais gratificante tenha vindo da Parent Help Line. Trata-se de um serviço telefônico do Canadá para pais atormentados, que podem ligar para um número (1-888-603-9100) e falar com um conselheiro sobre problemas de criação de filhos. Fomos informados, recentemente, que, em uma biblioteca de livros sobre criação de filhos, *Conversa de pai e mãe* era o primeiro a ser lembrado e o mais usado pelos conselheiros. "É exatamente o que vocês dizem ser", disse-nos um conselheiro, "consultas rápidas e soluções eficientes para os desafios mais comuns na criação de filhos. É muito fácil para mim usá-lo ao telefone. As estratégias — o que fazer e o que não fazer — estão claramente expostas. Eu o uso o tempo todo, e o recomendo constantemente aos pais que telefonam. Para começar, você não precisa ler o livro inteiro para descobrir o que fazer quanto ao seu problema específico. Também acho importante o fato de que vocês incluíram as reações dos pais na descrição, pois isso lhes diz que o que estão sentindo é normal".

Outro usuário de *Conversa de pai e mãe* é Gwen Morgan. Assistente social especializada, Gwen não só trabalhava na Parent Help Line, como também oferece aconselhamento na clínica pediátrica do seu marido e no Diabetic Education Centre do Sunnybrook-Women's Hospital. Ela diz que usa o livro em todos os três contextos. "O que eu mais gosto em *Conversa de pai e mãe* é que é um livro de referência rápida", diz ela. "Você pode ir direto ao problema e obter uma gama de recomendações específicas. É isso o que os pais querem, porque freqüentemente eles se vêem sem saída e só precisam para algumas idéias novas." Gwen diz que outra razão de gostar do livro é que ele não precisa necessariamente ser lido em sua totalidade — algo que vale muito para pais e mães atarefados. "Tenho toda uma biblioteca sobre criação de filhos em casa", diz ela, "mas nunca tenho tempo para ler todos eles. Quando me deparo com um problema, ou preciso de algum detalhe, eu simplesmente procuro no índice de *Conversa de pai e mãe*; está organizado para se ler no ato, toda vez que o problema aparece". Comentários como esse nos deixam realmente muito felizes, pois confirmam que o livro está sendo usado exatamente como planejamos.

Finalmente, a publicação de um livro sobre criação de filhos teve algumas repercussões interessantes em nossa própria casa. A mais nova da família, que sempre foi uma leitora voraz, um dia deu com *Conversa de pai e mãe* em cima da mesa da cozinha e pegou-o. Deve ter lido o livro inteiro, porque agora é ela a especialista. Isso quer dizer que, se um de nós, avô, mãe ou pai, falar rudemente com ela, dirá algo como: "Você não deve gritar. Está escrito no seu livro". Ou, se as condições higiênicas do quarto dela forem questionadas, virá com: "O quarto é meu e tenho o direito de mantê-lo como quiser. Tudo o que vocês podem fazer é se recusar a entrar. Está escrito no seu livro". E, de seu ponto de vista, é claro que ela está certa.

Com o lançamento desta edição de *Conversa de pai e mãe*, ficamos na expectativa de muitas outras histórias e *insights* de pais e mães. Esperamos que o nosso livro ajude os leitores tanto quanto nos ajudou.

Stan Shapiro, Karen Skinulis, Richard Skinulis
Novembro de 2001

Sumário

Prefácio 5

Mensagem para pais exaustos 7

Comportamentos inconvenientes
1. O eterno atrasado — A criança em câmara lenta 21
2. O déspota — Átila, o Flagelo dos Pais 25
3. O pavio curto — Júnior, o Terrível 31
4. O boca suja — "Por favor, passe a @ # % * ! do leite" 37
5. O trapaceiro — A criança com duas caras 41
6. O chorão — O poder das águas 47
7. O tagarela — "Blablablá... blablablá... blablablá..." 51
8. O mentiroso — "Foi o monstro que quebrou a lâmpada! Verdade!" 55
9. O arrojado — "Veja, mamãe! Sem os miolos!" 59
10. O pequeno ladrão — "Foi ele que pegou!" 65
11. O carrancudo — A raiva silenciosa 71
12. O respondão — Uma lança sempre em riste 75
13. O choramingão — Veneno em doses homeopáticas 81
14. O "teledependente" — O poder hipnótico da telinha 85

Uma questão de hábitos
15. Higiene pessoal — Entre fungos e bactérias 93
16. Maus hábitos — "Você está limpando o salão para o baile?" 99
17. Problemas com o uso do banheiro — "Estou sentindo um cheirinho estranho por aqui..." 103
18. A rebeldia com o vestuário — "Eu quero pôr esta roupa, e está acabado!" 107

19. Quarto bagunçado — Cuidado, zona de perigo! 113
20. A casa toda em desordem — "E no princípio era
    o caos..." 119

ENCARANDO O MEDO E A TIMIDEZ
21. Medos fantasiosos — O monstro que mora debaixo
    da cama 127
22. O medo de errar — "Não posso... Não posso...
    Vou cair..." 133
23. O tímido — O escudo da passividade 137

APRENDENDO A SER RESPONSÁVEL
24. O distraído — "Alguém viu minha cabeça por aí?" 143
25. Os perdulários — "São apenas alguns trocados..." 147
26. Os indolentes — "Ah... Poxa... Não é tarefa minha!" 153

CINCO MINUTOS PARA BRIGAR
27. O valentão — "Ei, pirralho, passe isso para cá!" 163
28. As disputas entre amigos — "Me dá! É meu!" 167
29. As disputas entre irmãos — Vivendo com o inimigo 171
30. O eterno contestador — "Perdão, excelência.
    Eu discordo!" 177

O CLÁSSICO HORROR À ESCOLA
31. O baderneiro — "É pra zoar? Aqui estamos, amigos!" ... 185
32. O inocente irresponsável — "Lição de casa?! Deus
    tenha piedade de mim!" 191
33. O atrasado da escola — "Já vou! Já vou! Estou indo...
    Estou chegando..." 197
34. O boletim decepcionante — Zero... Zero... Zero... 203
35. Quando o professor é o problema — "Há uma pedra
    no meu sapato!" 209

36. O fujão — "Chega! Não quero mais ir à escola!" 213
37. O insociável — "Ninguém me ama..." 217

Modos à mesa e problemas com a alimentação
38. Os trogloditas tomam conta da mesa — "Preserve a vida selvagem: tenha filhos" 223
39. Os paladares difíceis — "Não, verdinho não!" 227
40. Os insaciáveis — "Só mais uma tigelinha! Juro!" 233

Encrencas na hora de dormir
41. Os invasores que chegam com a noite — "Este cantinho da cama é meu! Dá licença!" 241
42. Os "umidificadores" de colchão — Desalento noturno .. 245
43. Os renitentes — "Estou com sede... Estou com fome... Não consigo pegar no sono..." 249

Escândalos em público
44. O birrento — "Quero algodão-doce! E quero já!" 255
45. O teatral — "Distinto público, o espetáculo vai começar!" 261
46. Os viajantes impossíveis — Problemas no banco traseiro do carro 267

Para além do núcleo familiar
47. Avós — Os corruptores 273
48. Vizinhos — Quando o muro se transforma em *front* 277
49. Pais "solteiros" — Quando não há culpa que baste 281
50. Padrastos, madrastas e suas famílias — O caminho de Cinderela 287

Só amor não basta 291

Posfácio 293

Impresso na gráfica da
Pia Sociedade Filhas de São Paulo
Via Raposo Tavares, km 19,145
05577-300 - São Paulo, SP - Brasil - 2008